Paula Lamprecht, Matthias Brungs
Bildung oder Brunnenbau?

Perspektiven Sozialer Arbeit in Theorie und Praxis

Herausgegeben von
Prof. Dr. Süleyman Gögercin und Prof. Karin E. Sauer,
DHBW Villingen-Schwenningen

Band 4

Paula Lamprecht, Matthias Brungs

Bildung oder Brunnenbau?

Eine kritische Analyse der
Entwicklungszusammenarbeit mit Afrika
aus der Perspektive der
Sozialen Arbeit

CENTAURUS VERLAG & MEDIA UG

Zu den Autoren:
Paula Lamprecht hat Soziale Arbeit studiert (Bachelor of Arts) und wird nach einem mehrmonatigen Auslandsaufenthalt in Asien als Sozialarbeiterin in einem Wirtschaftsunternehmen tätig sein.

Prof. Dr. Matthias Brungs, Diplom-Psychologe und Diplom-Pädagoge, leitet den Studiengang Bildung und Beruf an der Dualen Hochschule Baden-Württemberg in Villingen-Schwenningen

Bibliografische Informationen der Deutschen Nationalbibliothek
Die Deutsche Nationalbibliothek verzeichnet diese Publikation in der Deutschen Nationalbibliografie; detaillierte bibliografische Daten sind im Internet über http://dnb.d-nb.de abrufbar.

ISBN 978-3-86226-249-6   ISBN 978-3-86226-983-9 (eBook)
DOI 10.1007/978-3-86226-983-9
ISSN 2195-7347

Gedruckt auf säurefreiem und chlorfrei gebleichtem Papier.

Alle Rechte, insbesondere das Recht der Vervielfältigung und Verbreitung sowie der Übersetzung, vorbehalten. Kein Teil des Werkes darf in irgendeiner Form (durch Fotokopie, Mikrofilm oder ein anderes Verfahren) ohne schriftliche Genehmigung des Verlages reproduziert oder unter Verwendung elektronischer Systeme verarbeitet, vervielfältigt oder verbreitet werden.

© Centaurus Verlag & Media UG (haftungsbeschränkt), Herbolzheim 2014
www.centaurus-verlag.de

Umschlaggestaltung: Jasmin Morgenthaler, Visuelle Kommunikation
Umschlagabbildung: yoh4nn, Childrens, Afrique, Tradition africaine, Main Humaine, Enfant, www.istockphoto.com
Satz: Vorlage der AutorInnen

INHALTSVERZEICHNIS

EINLEITUNG		9
1.	**ENTWICKLUNGSHILFE UND ENTWICKLUNGSZUSAMMENARBEIT**	11
1.1	Begriffsbestimmungen	11
1.2	Soziale Arbeit in der Entwicklungszusammenarbeit	16
	1.2.1 Prinzipien der Sozialen Arbeit und der Entwicklungszusammenarbeit	17
	1.2.2 Soziale Arbeit in Subsahara-Afrika	20
	1.2.3 Handlungsformen der Sozialen Arbeit im Kontext der Entwicklungszusammenarbeit	21
1.3	Politische, gesellschaftliche und historische Gründe für Entwicklungszusammenarbeit	25
	1.3.1 Systemkrisen	25
	1.3.2 Unterentwicklung	26
	1.3.3 Historische Gründe	27
	1.3.3.1 Kolonialismus	28
	1.3.3.2 Christliche Missionsarbeit	30
	1.3.4 Gründe auf Seiten der Akteure	31
1.4	Ziele und Intentionen	32
	1.4.1 Ökosoziales Modell	33
	1.4.2 Millenniumsziele	34
1.5	Akteure und Träger	36
	1.5.1 Nationale Auftraggeber	36
	1.5.2 Internationale Organisationen	38
	1.5.3 Nichtregierungsorganisationen	39
1.6	Instrumente zur Zielerreichung	41

2.	**KONZEPTE UND PROGRAMME**	**43**
2.1	Mikrokredite	43
2.2	Programm zur Förderung einheimischer Organisationen und Selbsthilfe-Initiativen	44
2.3	Budgethilfe	46
2.4	Das Afrikakonzept der Bundesregierung	47
2.5	Soziale Entwicklung	49
	2.5.1 Investition in Humankapital	50
	2.5.2 Individuelle Entwicklungskonten	50
2.6	Bildung als Patentrezept gegen Armut	51
3.	**EFFEKTIVITÄT UND EFFIZIENZ**	**57**
3.1	Methodische Zugänge und Probleme von Wirksamkeitsstudien	58
3.2	Die Paris-Erklärung und ihre Folgekonferenzen	61
3.3	Forderungen von Expertenseite	64
4.	**ZUSAMMENFASSUNG**	**67**
5.	**QUELLEN**	**71**
5.1	Literatur	71
5.2	Internetquellen	74

ABKÜRZUNGSVERZEICHNIS

AIDS	Acquired Immunodeficiency Syndrome
AwZ	Ausschuss für wirtschaftliche Zusammenarbeit und Entwicklung
BMZ	Bundesministerium für wirtschaftliche Zusammenarbeit und Entwicklung
BWA	Bundesverband für Wirtschaftsförderung und Außenwirtschaft
CDG	Carl-Duisberg-Gesellschaft
CFI	Christliche Fachkräfte International
CIM	Centrum für Internationale Migration
DAAD	Deutscher Akademischer Austauschdienst
DBSH	Deutscher Berufsverband für Soziale Arbeit
DED	Deutscher Entwicklungsdienst
EIRENE	griechisch: Frieden
GFATM	Globaler Fonds zur Bekämpfung von AIDS, Tuberkulose und Malaria
GIZ	Gesellschaft für internationale Zusammenarbeit
GTZ	Gesellschaft für Technische Zusammenarbeit
HA	Haushaltsausschuss
HIV	Human Immunodeficiency Virus
InWent	Organisation Internationale Weiterbildung und Entwicklung
IWF	Internationaler Währungsfond
J-PAL	Abdul Latif Jameel Poverty Action Lab
KfW	Kreditanstalt für Wiederaufbau
LDC	Least Developed Countries (ärmste Länder der Welt)
MDG	Millennium Development Goals (Millenniumsziele)
NGO	Nichtregierungsorganisation (Non-Governmental Organization)
NIC	Newly Industrializing Countries (Schwellenländer)
OECD	Organisation für wirtschaftliche Zusammenarbeit und Entwicklung (Organisation for Economic Cooperation and Development)
Unicef	United Nations International Children's Emergency Fund (Kinderhilfswerk der Vereinten Nationen)
UNO	Vereinte Nationen (United Nations Organization)
WTO	Welthandelsorganisation (World Trade Organization)

EINLEITUNG

Laut dem Deutschen Berufsverband für Soziale Arbeit e.V. (DBSH) ist es Aufgabe der Sozialen Arbeit, den sozialen Wandel zu fördern und dort einzugreifen, wo Menschen mit ihrer Umwelt in Interaktion treten. Dabei sollen die Prinzipien der Menschenrechte und der sozialen Gerechtigkeit stets Grundlage ihres Handelns sein. Soziale Arbeit hat einen Integrationsauftrag, dafür ist sie in staatliche Organisationen, in die Gesellschaft und in die Lebenswelt der Menschen eingebunden und sie soll als neutrale Instanz zwischen allen diesen Ebenen vermitteln.[1] Soziale Arbeit ist verpflichtet, Chancenungleichheit abzubauen und sich für benachteiligte sowie ausgegrenzte Bevölkerungsgruppen zu engagieren. Daraus lässt sich auch ein Auftrag ableiten, sich im Kontext der internationalen Entwicklungshilfe einzubringen.

Das Thema Entwicklungshilfe bzw. Entwicklungszusammenarbeit hat politische Brisanz und es wird durch verbreitete Kritik in einigen Massenmedien in weiten Teilen der Bevölkerung ein negatives Gesamtbild kreiert, das in seiner letzten Konsequenz eine Abschaffung der Entwicklungshilfe als logisch erscheinen lässt. Die Vielschichtigkeit des Themas, die unterschiedlichen und weit auseinander gehenden, häufig wenig fundierten sowie bisweilen auch mitleiderregenden Berichte und Bilder, spalten die Meinung der Bevölkerung, der Politik und der Fachwelt in mehrere Lager. Die Gruppe der Entwicklungshilfe Befürwortenden sieht den Grund für ihr vermeintliches Scheitern in einem zu geringen Budget, in allenfalls halbherzigen Anstrengungen der industrialisierten Länder und in einem zu niedrigen politischen Stellenwert. Kritiker fokussieren dagegen auf deren jahrzehntelanges Versagen und erachten diese zumindest in ihrer bisherigen Form als überflüssig. Besonders vor Weihnachten oder dem Jahresende tritt die dritte Gruppe in Erscheinung, wenn vielfältige Organisationen, Vereine und Verbände zur Hilfe durch Spenden für spezifische Zielgruppen oder Projekte aufrufen und in der Bevölkerung Mitgefühl für die Bedürftigen einfordern.

Vom Grundsatz her wird in der vorliegenden Arbeit davon ausgegangen, dass sich alle Bereiche und Anstrengungen innerhalb der Entwicklungshilfe gegenseitig bedingen und daher zunächst auch gleichwertig sind. Die leitende, übergreifende Fragestellung lautet, wie Entwicklungshilfe in Afrika zu gestalten ist, damit sie erfolgreich sein kann. Berücksichtigt wird dabei auch die Rolle der Sozialen Arbeit in diesem Handlungsfeld und deren methodisches Vorgehen. Weitergehende politische, wirtschaftliche und ökologische Bereiche der Entwicklungshilfe werden nur am Rande angesprochen.

---

[1] Vgl.: Deutscher Berufsverband für Soziale Arbeit e.V.: Profession, Online verfügbar unter: http://www.dbsh.de/beruf.html, zuletzt geprüft am: 04.06.2013, o. S.

Um zu starke Verallgemeinerungen im Hinblick auf die Zielgruppe, die regionalen Rahmenbedingungen und historischen Einflüsse zu vermeiden, liegt der Fokus auf den afrikanischen Staaten unterhalb der Sahara. Sie werden im Folgenden unter der Bezeichnung Subsahara-Afrika zusammengefasst.

Die vorliegende Arbeit ist grob betrachtet in drei Teile gegliedert. In Kapitel 1 werden die für die Arbeit grundlegenden Begrifflichkeiten erläutert, Soziale Arbeit im Kontext der Entwicklungshilfe dargestellt, Begründungen für sowie Ziele von Entwicklungshilfe aufgezeigt und die dort tätigen Akteure und Instrumente vorgestellt. Dadurch entsteht ein umfassendes Bild, auf dem die darauf folgenden Ausführungen aufbauen. Im zweiten Kapitel werden relevante Konzepte der Entwicklungshilfe in Subsahara-Afrika dargestellt und kritisch diskutiert. Eine Analyse der Wirksamkeit aus unterschiedlichen Perspektiven enthält Kapitel 3. Die Arbeit schließt mit einem Schlusswort, das die wichtigsten Argumentationslinien zusammenfasst.

1. ENTWICKLUNGSHILFE UND ENTWICKLUNGSZUSAMMENARBEIT

„Als die ersten Missionare nach Afrika kamen, besaßen sie die Bibel und wir das Land. Sie forderten uns auf zu beten. Und wir schlossen die Augen. Als wir sie wieder öffneten, war die Lage genau umgekehrt: Wir hatten die Bibel und sie das Land."[2]

1.1 Begriffsbestimmungen

Das Thema Entwicklungshilfe bzw. Entwicklungszusammenarbeit bewegt sich in einem terminologischen Umfeld, das unpräzise und überdies mit vielen unterschiedlichen Emotionen besetzt ist. Eine Standortbestimmung und kritische Analyse der gegenwärtigen Strategien erfordert daher, dass grundlegende Begrifflichkeiten und Kategorien diskutiert und definitorisch eingegrenzt werden.

Entwicklung

Der Begriff Entwicklung besitzt im politischen Kontext keine starre Bedeutung, sondern hat sich im Laufe der Jahre immer wieder den jeweiligen gesellschaftlichen Gegebenheiten angepasst. Des Weiteren fließt in diesen Terminus implizit auch eine Wertung aus der Perspektive des eigenen Kulturkreises mit ein.[3]

In den 1950er Jahren wurde Entwicklung gleichgesetzt mit Industrialisierung, Urbanisierung, Alphabetisierung, sozialer Mobilisierung, Wirtschaftswachstum und Demokratisierung. Ab den 1960er Jahren waren die Etikette Wachstum und Wandel vor allem mit der politischen, administrativen und gesellschaftlichen Modernisierung assoziiert, wobei Bereiche wie individuelle Gesundheit und Bildung besondere Aufmerksamkeit genossen.[4] Die unabhängige Kommission für internati-

---

[2] Wiedemann, Charlotte: Das Land der Waisen, in: DIE ZEIT (Hamburg), Nr. 31 vom 26. Juli 2007, Online verfügbar unter: http://www.zeit.de/2007/31/Aidswaisen-Kasten, zuletzt geprüft am: 10.05.2013, o. S.
[3] Vgl.: Bundesministerium für wirtschaftliche Zusammenarbeit und Entwicklung (BMZ): Entwicklungspolitik als Zukunftspolitik. Rede von Bundesentwicklungsminister Dirk Niebel an der Universität Heidelberg (8. November 2011), 2012, Online verfügbar unter: http://www.bmz.de/de/presse/videos/reden/20111202_rede_in_heidelberg/index.html, zuletzt geprüft am: 31.05.2013, o. S.
[4] Vgl.: Kevenhörster, Paul / van den Boom, Dirk: Entwicklungspolitik. Wiesbaden: VS Verlag für Sozialwissenschaften, 2009, S. 19f

onale Entwicklungsfragen hat im Jahr 1977 eine Definition vorgeschlagen, die der vorliegenden Arbeit zugrunde gelegt werden soll. Entwicklung ist demnach „...mehr als der Übergang von arm zu reich, von einer traditionellen Agrarwirtschaft zu einer komplexen Stadtgemeinschaft. Sie trägt in sich nicht nur die Idee des materiellen Wohlstands, sondern auch die von mehr menschlicher Würde, mehr Sicherheit, Gerechtigkeit und Gleichheit."[5]

Im Jahr 1987 wurde schließlich die Bedeutung von der Weltkommission für Umwelt und Entwicklung um das Adjektiv dauerhaft bzw. nachhaltig erweitert. Dauerhafte oder nachhaltige Entwicklung meint, dass diese den Bedürfnissen der Menschen entspricht, ohne nachkommenden Generationen in allen Ländern der Erde die Möglichkeit zu nehmen, ihre eigenen Bedürfnisse zu befriedigen und ihr Leben frei zu gestalten.[6]

Armut

Armut kann aus einer wirtschaftlichen, sozialen und partizipativen Perspektive beleuchtet werden. Klassischerweise wird sie in die Kategorien relativ und absolut eingeteilt. Von relativer Armut sind Menschen betroffen, die weniger als die Hälfte des Durchschnittseinkommens verdienen,[7] sie werden auch als Prekariat bezeichnet.[8] Absolute Armut liegt dann vor, wenn Menschen gezwungen sind, in menschenunwürdigen Zuständen zu leben, also in ständigem Hunger, ohne Zugang zu Bildung, Trinkwasser oder gesundheitlicher Grundversorgung, betroffen von sozialer Diskriminierung und einem Ausschluss aus politischen Strukturen.[9] Derzeit gibt es ca. 1,29 Milliarden Menschen, die in absoluter Armut leben.[10] Von wirtschaftlicher Armut wird dann gesprochen, wenn Menschen weniger als 1,25 Dollar pro Tag zur Verfügung haben.

Zusammenfassend ist Armut geprägt von mangelnden Teilhabechancen[11] und der „Unfähigkeit, ein Leben zu führen, das den wirtschaftlichen, sozialen und sons-

---

[5] Vgl.: Andersen, Uwe: Entwicklungsdefizite und mögliche Ursachen, in: Informationen zur politischen Bildung Jg. 286 1/2005, S. 7–18, hier S. 8
[6] Vgl.: Bethge, Jan Per/Steurer, Nora/Tscherner, Marcus: Nachhaltigkeit. Begriff und Bedeutung in der Entwicklungszusammenarbeit, in: König, Julian/Thema, Johannes (Hrsg.): Nachhaltigkeit in der Entwicklungszusammenarbeit. Theoretische Konzepte strukturelle Herausforderungen und praktische Umsetzung, Wiesbaden: VS Verlag für Sozialwissenschaften, 2011, S. 15–40, hier S. 20f.
[7] Vgl.: Nuscheler, Franz: Lern- und Arbeitsbuch Entwicklungspolitik. Eine grundlegende Einführung in die zentralen entwicklungspolitischen Themenfelder Globalisierung Staatsversagen Armut und Hunger Bevölkerung und Migration Wirtschaft und Umwelt, 7. Aufl., Bonn: Dietz, 2012, S. 89
[8] Vgl.: Definition von Armut, 2008, Online verfügbar unter: http://www.armut.de/definition-von-armut.php zuletzt geprüft am: 18.05.2013, o. S.
[9] Vgl.: Nuscheler, Franz: a. a. O., S. 96f.
[10] Vgl.: Popowska, Marta: Wo die Ärmsten wohnen. Weltweit kämpfen 1,29 Milliarden Menschen ums Überleben, 2012, Online verfügbar unter: http://www.fluter.de/de/117/thema/11185/, zuletzt geprüft am: 18.05.2013, o. S.
[11] Vgl.: Nuscheler, Franz: a. a. O., S. 92

tigen Maßstäben für ein menschliches Wohlergehen entspricht."[12] Diesem Verständnis von Armut sind die nachfolgenden Ausführungen verpflichtet.

Entwicklungsland und dritte Welt

Generell kann jedes Land als Entwicklungsland bezeichnet werden. Die reine Wortbedeutung bezieht sich nur darauf, dass sich innerhalb einer Nation eine wirtschaftliche Entwicklung oder Veränderung abspielt. Kritiker des Begriffes sehen in seiner Verwendung im Zusammenhang mit armen Ländern einen ungerechtfertigten Optimismus, da durch die Konnotation eine tatsächliche Entwicklung innerhalb eines Landes zum Ausdruck gebracht wird, aber genau diese fraglich bzw. klärungsbedürftig ist.[13] In der entwicklungspolitischen Diskussion hat sich während der zurückliegenden Jahre eingebürgert, dann von einem Entwicklungsland zu sprechen, wenn dieses ein im Vergleich zu den Industrienationen zurückgebliebenes, also weniger entwickeltes oder armes und rückständiges Land ist.[14] Die ärmsten Nationen werden auch als die am wenigsten entwickelten Länder bezeichnet.

Im Gegensatz zu dem Begriff Entwicklungsland ist der Ausdruck dritte Welt nicht mit einer hierarchischen Rangordnung und damit auch häufig einer Wertung assoziiert, sondern hat von seinem Ursprung her einen rein deskriptiven Bedeutungsgehalt. Mitte des 20. Jahrhunderts wurde die erste Welt, die westlichen Industrieländer, von der zweiten Welt, die östlichen Industrieländer, unterschieden. Mit dritter Welt wurden die übrigen Nationen beschrieben, unter ihnen sind auch die gegenwärtig als Entwicklungsländer bezeichneten Nationen. Später wurde die so verstandene dritte Welt noch einmal in die Gruppe der Entwicklungsländer (vierte Welt) und in die der Schwellenländer (dritte Welt) aufgeteilt. Letztgenannte sind Nationen, welche sich im Übergang von einer wirtschaftlich armen hin zu einer industrialisierten reichen Nation befinden. Infolge des Zerfalls der Sowjetunion und damit der zweiten Welt und wegen der Diversifizierung der Entwicklungsländer wird die Begrifflichkeit dritte Welt zunehmend schwammig und damit auch unbrauchbar.[15]

Die Weltbank teilt alle Nationen der Erde anhand ihres jeweiligen ökonomischen Zustandes in drei Gruppen ein. In der Gruppe der Least Developed Countries (LDC) befinden sich die wirtschaftlich ärmsten Länder der Welt, im Rahmen entwicklungspolitischer Diskussionen auch als Nehmerländer bezeichnet. Unter Ex-

---

[12] Gruber, Petra C.: Über Lernprozesse und Rahmenbedingungen in der Entwicklungspolitik, in: Global Marshall Plan Initiative/Hesse, Peter (Hrsg.): Solidarität die ankommt! Ziel-effiziente Mittelverwendung in der Entwicklungszusammenarbeit, Hamburg: Eigenverlag, 2006, S. 45–86, hier S. 58
[13] Andersen, Uwe: Entwicklungsdefizite und mögliche Ursachen. a. a. O., S. 7
[14] Vgl.: Glismann, Hinrich: Weltwirtschaftslehre. Eine Problemorientierte Einführung, 3. überarb. Aufl., Göttingen: Vandenhoeck & Ruprecht, 1987, (II. Entwicklungs- und Beschäftigungspolitik), S. 20
[15] Vgl.: Andersen, Uwe: Entwicklungsdefizite und mögliche Ursachen. a. a. O., S. 7

perten wird für diese häufig auch der Begriff des globalen Südens gebraucht.[16] Dies ist allerdings insofern problematisch als eine geographische Zuordnung verschleiert, dass sich auf der Südhalbkugel durchaus auch wohlhabende Nationen befinden wie z. B. Neuseeland oder Australien.[17] Die Newly Industrializing Countries (NIC), die Schwellenländer, können nach der Nomenklatur der Weltbank sowohl Empfänger als auch Geber sein und die Gruppe der Industrialized Countries umfasst schließlich alle reichen Industrieländer, also mehrheitlich die Geberländer.[18]

In den nachfolgenden Ausführungen werden die Termini Nehmer-, Geber-, Empfänger- oder Partnerland benutzt.

Entwicklungshilfe

Gewöhnlich werden Entwicklungshilfe, Entwicklungszusammenarbeit und Entwicklungspolitik synonym gebraucht. Seit den 1980er Jahren wird jedoch weitestgehend auf den Begriff der Entwicklungshilfe verzichtet, da er eine Hierarchie zwischen den Nationen ausdrückt. Die Termini Entwicklungspolitik oder Entwicklungszusammenarbeit sind neutral, und insbesondere bei der letztgenannten fließt der Partnerschaftsgedanke mit ein.[19] Entwicklungszusammenarbeit beschreibt Kevenhörster als „...das Bündel an Maßnahmen, Projekten und Programmen der Institutionen staatlicher und nichtstaatlicher Entwicklungszusammenarbeit, deren Ziel es ist, in Ländern mit signifikanten ökonomischen, sozialen, ökologischen und politischen Problemen eine Verbesserung der Lebensumstände für eine Mehrheit der Bevölkerung zu erreichen."[20] Dieses Verständnis liegt auch dieser Arbeit zugrunde und es soll daher nachfolgend nur von Entwicklungszusammenarbeit gesprochen werden.

Nach Ameln betrifft das von Kevenhörster angesprochene Bündel mehrere Bereiche und Themen, die gleichzeitig auch Ziele der internationalen Entwicklungszusammenarbeit sind. Es handelt sich um den Schutz vor Armut und vor Krankheiten, die Sicherung des Friedens und der Demokratie u.a., die Einhaltung von Menschenrechten, den Umweltschutz, die Wirtschaftsförderung und die Bekämpfung des internationalen Terrorismus.[21] Entwicklungszusammenarbeit erstreckt sich also

---

[16] Vgl.: Eigelsreiter-Jashari, Gertrude: a. a. O., S. 276
[17] Andersen, Uwe: Entwicklungsdefizite und mögliche Ursachen. a. a. O., S. 7
[18] Vgl.: Kevenhörster, Paul/van Boom, Dirk: Entwicklungspolitik. Wiesbaden: VS Verlag für Sozialwissenschaften, 2009, (Elemente der Politik), S. 29
[19] Vgl.: Eigelsreiter-Jashari, Gertrude: a. a. O., S. 275
[20] Kevenhörster, Paul/van den Boom: a. a. O., S. 13
[21] Vgl.: Ameln, Falko: Organisationsentwicklung in der Entwicklungszusammenarbeit, in: Gruppendynamik und Organisationsberatung Jg. 37 3/2006, S. 85–100, hier S. 86

nicht nur auf wirtschaftliche Vorgänge, die das Ziel haben, ökonomische Aufholprozesse zu beschleunigen.[22]

Entwicklungszusammenarbeit kann sowohl bilateral, das heißt zwischen zwei Ländern, als auch multilateral, also unter Beteiligung mehrerer Nationen, stattfinden.[23]

Humanitäre Notfallhilfe

Humanitäre Notfallhilfe umfasst jene Hilfsangebote, die sich um unmittelbare Bedürfnisbefriedigung insbesondere in Krisensituationen bemühen. Diese können sowohl bi- als auch multilateral finanziert sein. Da es sich bei der humanitären Notfallhilfe überwiegend um kurzfristige Maßnahmen zur Minderung akuter Notsituationen handelt, ist sie kein klassischer Teil der im Normalfall längerfristig angelegten Entwicklungszusammenarbeit. Humanitäre Notfallhilfe kann aber Vorläufer einer kontinuierlichen Kooperation zwischen Partnerländern sein. Die Grenzen zwischen humanitärer Notfallhilfe und Entwicklungszusammenarbeit verlaufen fließend.[24]

Nachhaltigkeit

Das Konzept der Nachhaltigkeit wurde bereits im Mittelalter verwendet und stammt ursprünglich aus der Forstwirtschaft. Im Jahr 1713 rief der sächsische Oberberghauptmann Hans von Carlowitz unter dem Eindruck der den Silberbergbau bedrohenden Holzknappheit zur Nachhaltigkeit auf. Demnach dürfe in der Forstwirtschaft Holz nur so geschlagen werden, dass die Wälder nicht nachhaltig geschädigt würden und sich selbst ohne Neubepflanzung regenerieren könnten.[25]

Heute meint Nachhaltigkeit, dass alle Entwicklungsprozesse zur Befriedigung der menschlichen Bedürfnisse die natürlichen Ressourcen unseres Planeten nicht dauerhaft schädigen. Dabei hebt die Enquete Kommission des Deutschen Bundestages von 1994 zum „Schutz des Menschen und der Umwelt" drei Dimensionen

---

[22] Vgl.: Glismann, Hinrich: Weltwirtschaftslehre. Eine Problemorientierte Einführung, 3. überarb. Aufl., Göttingen: Vandenhoeck & Ruprecht, 1987, (II. Entwicklungs- und Beschäftigungspolitik), S 367

[23] Vgl.: Bundesministerium für wirtschaftliche Zusammenarbeit und Entwicklung (BMZ) (Hrsg.): Medienhandbuch Entwicklungspolitik 2000, Bonn: BMZ Referat Presse- und Öffentlichkeitsarbeit, 2000, S. 120

[24] Vgl.: Nohlen, Dieter (Hrsg.): Lexikon Dritte Welt. Länder Organisationen Theorien Begriffe Personen, 11. vollst. überarb. Neuaufl., Reinbek bei Hamburg: Rowohlt, 2000, S. 342f.

[25] Vgl.: Boccolari, Christina: Nachhaltige Entwicklung. Eine Einführung in Begrifflichkeit und Operationalisierung, Mainz: Inst. für Politikwiss., Abt. Politische Auslandsstudien und Entwicklungspolitik, 2002, (Dokumente und Materialien / Johannes-Gutenberg-Universität Mainz, Institut für Politikwissenschaft, Abteilung Politische Auslandsstudien und Entwicklungspolitik 32), S. 2

hervor: die soziale, die ökonomische und die ökologische Dimension. Diese stehen untereinander in einem wechselseitigen Abhängigkeitsverhältnis und jede Handlung, die einen Anspruch auf Nachhaltigkeit erhebt, muss auf allen drei Ebenen geprüft werden.[26]

Soziale Arbeit

Der DBSH definiert den gesellschaftspolitischen Auftrag einer professionellen Sozialen Arbeit als kompetenzorientierte Menschenrechts-Profession, deren Handlungen wissenschaftliche Theorien und daraus resultierende Methoden zugrunde liegen und deren Vorgehen sich auf Schlüsselkompetenzen der Menschen konzentriert. Ihr Ziel ist es, jedem Menschen durch Hilfe zur Selbsthilfe eine Teilhabe am Leben zu ermöglichen. Auf gesellschaftlicher Ebene hat sie das Ziel, die sozialen und demokratischen Strukturen zu überwachen oder einzuführen und damit jedem Menschen eine Teilhabe am politischen und gesellschaftlichen System zu ermöglichen und den Zusammenhalt innerhalb der Gesellschaft zu stärken. In Krisensituationen soll Soziale Arbeit Einzelpersonen, einem Gemeinwesen oder der Gesamtgesellschaft dabei helfen, Probleme adäquat und unter Beachtung der Prinzipien der Menschenrechte, Partizipation, Transparenz, Subsidiarität und Gleichberechtigung zu lösen. Der Tätigkeitsbereich umfasst alle Gebiete, die „nicht über pflegerische, gesundheitliche und privatrechtliche Dienste zu lösen sind."[27] Weiter soll Soziale Arbeit die Politik unterstützen, indem sie durch eine Erforschung von Problemursachen und durch ein präventives Ausrichten auf neue Probleme hilft, Krisen und Problemlagen zu verhindern oder konstruktiv anzugehen.[28] Im Kontext der Entwicklungszusammenarbeit wird eine Soziale Arbeit des Südens von einer solchen des Nordens unterschieden. Die Erstgenannte hat sich vor allem innerhalb Afrikas, die Zweitgenannte in den Nationen des globalen Nordens entwickelt.

1.2 Soziale Arbeit in der Entwicklungszusammenarbeit

Grob betrachtet sind die grundlegenden Intentionen der Entwicklungszusammenarbeit und der Sozialen Arbeit deckungsgleich. Beide wollen Menschen durch Hilfe zur Selbsthilfe dabei unterstützen, dass diese ihr Leben selbstverantwortlich gestalten und so an der Gesellschaft teilhaben können. Beide versuchen, stigmatisieren-

---

[26] Vgl.: Deutscher Bundestag (Hrsg.): Abschlußbericht der Enquete-Kommission „Schutz des Menschen und der Umwelt. Ziele und Rahmenbedingungen einer nachhaltig zukunftsverträglichen Entwicklung, Konzept Nachhaltigkeit - vom Leitbild zur Umsetzung, Berlin, 2007, Online verfügbar unter: dip21.bundestag.de/dip21/btd/13/112/1311200.pdf, zuletzt geprüft am: 21.04.2013, S. 17ff.
[27] Vgl.: Deutscher Berufsverband für Soziale Arbeit e.V. (Hrsg.): Grundlagen für die Arbeit des DBSH e.V., Berlin, 2009, Online verfügbar unter: http://www.dbsh-bund.de/grundlagenheft_-PDF-klein.pdf zuletzt geprüft am: 11.05.2013, S. 16
[28] ebd.

de, marginalisierende und Armut begünstigende Zustände zu nivellieren. Dafür ermöglichen, vermitteln und verdeutlichen sie die notwendigen Zugänge zu Ressourcen und Chancen. Eine Verknüpfung der beiden Arbeitsfelder erscheint somit über den Bereich der Umsetzung vor Ort hinaus naheliegend. Umso verwunderlicher ist es, dass Soziale Arbeit weder in der entwicklungspolitischen Planung noch in der einschlägigen fachlichen Diskussion eine maßgebliche Rolle spielt.[29,30]

1.2.1 Prinzipien der Sozialen Arbeit und der Entwicklungszusammenarbeit

Nach dem DBSH liegen der Sozialen Arbeit folgende Grundsätze zugrunde:

- die Wahrung von Menschenrechten sowie die Beachtung der Menschenwürde und damit die Achtung der physischen, psychischen, emotionalen und geistigen Gesundheit des Menschen und
- die Förderung von sozialer Gerechtigkeit im gesellschaftlichen und persönlichen Kontext.

Mit Unterstützung der Sozialen Arbeit soll jedem Menschen die Möglichkeit auf Partizipation und auf ein selbstbestimmtes Handeln gegeben werden und dieser soll unabhängig von den Werten und Normen der Fachkräfte eigene Entscheidungen treffen können. Dabei soll Soziale Arbeit mit Einzelpersonen oder Gruppen kompetenz- und ressourcenorientiert erfolgen. Sozialarbeitende sollen weiter aktiv jeder Art von negativer Diskriminierung entgegentreten, die Verschiedenheit der Menschen anerkennen und in ihrer Arbeit beachten, für eine faire, an die Bedürfnisse der Menschen angepasste Verteilung von Mitteln einstehen und die Gesellschaft, Arbeitgebende und politische Systeme auf ungerechte Güterverteilungen aufmerksam machen.[31]

Für die Entwicklungszusammenarbeit gibt es keine einheitlichen, für alle Akteure verbindlichen Prinzipien. Die am häufigsten unter anderem auch von der Bundesregierung genannten Grundsätze sind die Achtung und der Schutz von Men-

---

[29] Vgl.: Eigelsreiter-Jashari, Gertrude: Entwicklungspolitik und Soziale Arbeit, in: Hojnik, Sylvia/ Posch, Klaus/Riegler, Anna (Hrsg.): Soziale Arbeit zwischen Profession und Wissenschaft. Vermittlungsmöglichkeiten in der Fachhochschulausbildung, Wiesbaden: VS Verlag für Sozialwissenschaften, 2009, S. 275–292, hier S. 275ff.
[30] Vgl.: Deutscher Berufsverband für Soziale Arbeit e.V. (Hrsg.): Grundlagen für die Arbeit des DBSH e.V., a. a. O., 1ff.
[31] Vgl.: Deutscher Berufsverband für Soziale Arbeit e.V. (Hrsg.): Grundlagen für die Arbeit des DBSH e.V. Ethik in der Sozialen Arbeit, Berlin, 2012, Online verfügbar unter: http://www.dbsh.de/fileadmin/downloads/Ethik.Vorstellung-klein.pdf, zuletzt geprüft am: 09.05.2013, S. 2

schenrechten und die Hilfe zur Selbsthilfe durch Partizipation, Transparenz und Förderung von Eigenverantwortung.[32,33]

Hesse hat im Rahmen der Entwicklung seines Partnerschafts-Helfer Modells grundlegende Leitlinien für die Arbeit in und mit Entwicklungsländern formuliert (vgl. auch Kap. 2.2). Leistungen der Entwicklungszusammenarbeit sollen demnach Menschen zukommen, die sich trotz aktiver Eigenbemühungen nicht aus Notsituationen befreien können. Dabei ist auf benachteiligte Minderheiten ein besonderes Augenmerk zu richten. Das Ziel besteht in einer gleichwertigen Stärkung von Hilfe zur Selbst- und Förderung der Nächstenhilfe. Entwicklungszusammenarbeit soll nach dem Subsidiaritätsprinzip erfolgen, das heißt, dass diejenigen Organisationen bevorzugt zu unterstützen sind, die aus den gegebenen kulturellen, lokalen und/oder sozialen Strukturen gewachsen sind. Alle Leistungen auf der Makroebene sollen in gleicher Weise wie der gesamten Gesellschaft auch der armen Bevölkerung zu Gute kommen. Die Schritte zur Erreichung von Entwicklungszielen dürfen nach Hesse nur mit Beteiligung der Bevölkerung unter Beachtung von deren Traditionen, Werte- und Normsystem unternommen werden. Den Hilfeleistenden muss immer bewusst sein, dass ihre Logik, ihr Verständnis und ihre Werte und Normen von denen der einheimischen Bevölkerung abweichen und somit aus ihrer Sicht logische und rationale Hilfsangebote unter Umständen auch falsch sein können. Hilfeleistung darf keine negativen Nebenwirkungen auf die Umwelt oder die Gesellschaft haben und sie muss immer im jeweils vorherrschenden kulturellen und sozio-ökonomischen Kontext betrachtet werden. Außerdem sollen durch die Leistung im Rahmen einer Entwicklungszusammenarbeit keine neuen Abhängigkeiten geschaffen werden, weder in finanzieller noch in menschlicher oder technologischer Hinsicht.[34]

Es wird deutlich, dass den Maßnahmen der Entwicklungszusammenarbeit und den Unterstützungsangeboten der Sozialen Arbeit eine vergleichbare Grundeinstellung, Weltanschauung und ein nahezu übereinstimmendes Wertesystem zugrunde liegt. Diese Kongruenz zeigt sich auch in einschlägigen übergeordneten theoretischen Ansätzen der Sozialen Arbeit. Beispielhaft hierfür sei im Folgenden das Konzept der Lebensweltorientierung von Thiersch skizziert:

Thiersch hat Struktur- und Handlungsmaximen der Sozialen Arbeit formuliert, die den Fachkräften gleichzeitig als Grundorientierung und Richtziel ihres Handelns dienen sollen. In ihnen spiegelt sich das oben angeführte Grundverständnis der Entwicklungszusammenarbeit wieder.

---

[32] Vgl.: Büttner, Wilfried: Entwicklungsländer, 2009. Aufl., Freising: Stark, 2010, (Abitur-Wissen Erdkunde), S. 181

[33] Vgl.: Bundesministerium für wirtschaftliche Zusammenarbeit und Entwicklung (Hrsg.): BMZ. Was wir machen, 06.11.2012. Download unter: http://www.bmz.de/de/was_wir_machen/, zuletzt geprüft am: 09.05.2013, o. S.

[34] Vgl.: Hesse, Peter: "Urform" des Partnerschafts-Helfer Modells, in: Global Marshall Plan Initiative/Hesse, Peter (Hrsg.): Solidarität die ankommt! Ziel-effiziente Mittelverwendung in der Entwicklungszusammenarbeit, Hamburg: Eigenverlag, 2006, S. 515–535, hier S. 522

Grundlegend ist zunächst ein auf Prävention ausgerichtetes Vorgehen. Prävention kann sowohl allgemein sein, im Sinne eines vorbeugenden Eingreifens durch adäquate Erziehung, Bildung oder Kompetenzförderung, als auch spezifisch, wenn sich abzeichnende Probleme durch gezielte und spezifische Unterstützung rechtzeitig vor ihrem Auftreten verhindert werden.[35] Des Weiteren ist die Hilfe ganzheitlich und niedrigschwellig zu gestalten, also im Lebensalltag der Hilfesuchenden zu verankern.[36] Eine dezentralisierte und regionalisierte Angebotsstruktur sind hier ebenso wichtig wie ein großes Maß an Flexibilisierung der Maßnahmen, um diese sowohl geografisch als auch inhaltlich an die Lebenswelt der Adressaten anzubinden.[37]

Bei der Initiierung und Durchführung der Hilfeangebote wird von Thiersch demokratisches und ein auf dem Subsidiaritätsprinzip basierendes Handeln gefordert.[38] Dies schließt das Recht auf Mitbestimmung und Beteiligung der Zielgruppen ein, so dass sich Fachkräfte und Adressaten auf Augenhöhe begegnen können.[39] Anvisiert wird außerdem ein gemeinsames Leben in einer vielfältigen Gesellschaft, das von Respekt gegenüber Andersartigkeit, Empathie und Akzeptanz geprägt ist.

Die unterschiedlichen Angebote sind dahingehend zu koordinieren, dass ein Nebeneinander vermieden und stattdessen eine Integration der einzelnen Maßnahmen in eine Gesamtkonzeption gewährleistet wird.[40]

Von den Professionellen wird schließlich grundsätzlich eine Haltung gefordert, die durch eine Offenheit zur selbstkritischen Reflexion und durch die Bereitschaft, das eigene Handeln immer wieder in Frage zu stellen, gekennzeichnet ist.[41] Die Wirksamkeit der Angebote ist stetig zu evaluieren.

Beispielhaft für ein Angebot der Entwicklungszusammenarbeit, das diesen Maximen folgt und auch die vom DBSH formulierten Grundhaltungen berücksichtigt, sei das von der Welthungerhilfe im Jahr 2006 initiierte Projekt angeführt, durch welches so genannte Millenniumsdörfer ins Leben gerufen werden sollen. Im Rahmen dieses Engagements wurden 15 Dörfer auf der ganzen Welt, davon zwölf Dörfer in Subsahara-Afrika, ausgewählt. Diese sollen durch eine von der Welthungerhilfe und von Partnerorganisationen vor Ort geleistete Hilfe zur Selbsthilfe dazu befähigt werden, innerhalb von fünf Jahren zwei oder drei der Millenniumsziele (vgl. Kap. 1.4.2) zu erreichen. Langfristig sollen durch dieses Projekt weitere Maßnahmen der Entwicklungszusammenarbeit überflüssig werden. Insgesamt sieht die

---

[35] Vgl.: Thiersch, Hans/Grunwald, Klaus/Köngeter, Stefan: Lebensweltorientierte Soziale Arbeit, in: Thole, Werner (Hrsg.): Grundriss Soziale Arbeit. Ein einführendes Handbuch, 2. Aufl., Wiesbaden: VS Verlag für Sozialwissenschaften, 2005, S. 161–178, hier S. 173
[36] Vgl.: Thiersch, Hans: Lebensweltorientierte Soziale Arbeit. Aufgaben der Praxis im sozialen Wandel, Weinheim, München: Juventa, 1992, (Edition soziale Arbeit), S. 32
[37] Vgl.:Thiersch, Hans/Grunwald, Klaus/Köngeter, Stefan: a. a. O., S. 174
[38] Vgl.: ebd., S. 175f.
[39] Vgl.: ebd., S. 33
[40] Vgl.: ebd., S. 35
[41] Vgl.: ebd., S. 36

Initiative dafür ein Budget von 11 Millionen Euro vor, das entspricht etwa 150 000 Euro pro Dorf und pro Jahr.[42] Die einheimische Bevölkerung wird in alle Prozesse einbezogen. Ziel ist nicht nur eine Verbesserung der Infrastruktur, sondern auch der Ausbau der Landwirtschaft, des Bildungs- und Gesundheitssystems und der Arbeitsmöglichkeiten.[43]

1.2.2 Soziale Arbeit in Subsahara-Afrika

Soziale Arbeit hat in Afrika keine weit zurückreichende Geschichte. Am Ende der Kolonialisierung kehrte die Mehrheit der Missionare dem Kontinent den Rücken zu und damit gingen auch die Helfenden mit ihren humanitären Motiven. In den 1950er und 1960er Jahren wurde dann Soziale Arbeit aus dem Norden, d.h. aus den industrialisierten Ländern, importiert. Der daraus resultierenden Sozialen Arbeit des Südens legte man die gleichen Theorien, wissenschaftlichen Grundlagen und Methoden zugrunde, da für die indigene Bevölkerung eine einschlägige Ausbildung nur im Ausland möglich war oder sozial orientierte Aufbauarbeit primär nur von ausländischen Entwicklungshelferinnen und Entwicklungshelfern vor Ort geleistet wurde. Dieses Engagement wurde also noch nicht auf die besondere Lebensweise der Zielgruppen angepasst, denn bei der damals gängigen „Vorstellung von Sozialarbeit werden die Methoden als rein technologische Mittel gesehen, die unabhängig von der Kultur, in der man sich befindet, benutzt werden können."[44] Eine Adaption der Sozialen Arbeit an die jeweils vorherrschenden kulturellen Hintergründe der Zielgruppen und an die jeweiligen lokalen Gegebenheiten wurde von Expertenseite erst im Jahr 1969 gefordert, und es dauerte nochmals gut zehn Jahre bis man in den 1980er Jahren mit der Umsetzung dieses Postulats begann.

Heutzutage enthält der Prozess einer so genannten Indigenisierung mehr als die bloße Ausrichtung der Hilfeleistungen an die Bedürfnisse der Bevölkerung und ist noch längst nicht zufriedenstellend abgeschlossen. Er birgt Forderungen nach einschlägigen Forschungsbemühungen und fachlichen Publikationen in sich, verlangt einen regelmäßigen Wissens- und Erfahrungsaustausch in globalisierten Netzwerken und eine noch stärkere Einbeziehung der Einheimischen in der Ausbildung von Fachkräften.

---

[42] Vgl.: Umwelt Dialog: Millenniumsdörfer-Konzept vorgestellt, 2005, Online verfügbar unter: http://www.umweltdialog.de/umweltdialog/soziales/2005-10-28_Millenniumsdoerfer.php, zuletzt geprüft am: 30.05.2013, o. S.
[43] Vgl.: Welthungerhilfe e.V.: Millenniumsdörfer. Hier beginnt die Welt von Morgen!, in: Welthungerhilfe Das Magazin 4/2001, S. 10–15, Online verfügbar unter: http://www.welthungerhilfe.de/fileadmin/user_upload/Mediathek/Magazin/dwhh_magazin_4_2011.pdf, zuletzt geprüft am: 30.05.2013, hier S. 11ff.
[44] Vgl.: Rehklau, Christine/Lutz, Ronald: Partnerschaft oder Kolonisation? Thesen zum Verhältnis des Nordens zur Sozialarbeit des Südens, in: Wagner, Leonie (Hrsg.): Internationale Perspektiven Sozialer Arbeit. Wiesbaden: VS Verlag für Sozialwissenschaften, 2009, S. 33–53, hier S. 42.

Obwohl die so bezeichnete Soziale Arbeit des Südens im Vergleich noch bei weitem nicht den gleichen Professionalisierungsgrad wie diejenige des Nordens aufweist, hat sie jener voraus, dass sie ihren Fokus sehr stark auf die sozialen Bezüge des Individuums legt und inzwischen auch ein gewisses Maß an Kultursensibilität aufweist.[45]

1.2.3 Handlungsformen der Sozialen Arbeit im Kontext der Entwicklungszusammenarbeit

Das explizit formulierte Primärziel der Sozialen Arbeit des Südens besteht also darin, Menschen innerhalb ihres Gemeinwesens zu ermächtigen, selbstverantwortlich und autonom zu handeln, um zukünftig für sich und andere Sorge tragen zu können. Um dies zu erreichen, arbeitet sie vor allem in direktem Kontakt mit ihrer Klientel, also mit der Bevölkerung. Die zentralen Aufgaben der Sozialen Arbeit des Südens sind geprägt von Armutsbekämpfung, Bildungsarbeit und von der Arbeit mit spezifischen, benachteiligten Gesellschaftsgruppen wie Straßenkindern, HIV-positiven oder an AIDS erkrankten Menschen, und nicht zuletzt durch den Fokus auf Frauenförderung mit Genderarbeit.[46]

Im Rahmen der Entwicklungszusammenarbeit wendet sie klassische Methoden der Sozialen Arbeit an. Dies sind die Soziale Einzelfallhilfe, die Gemeinwesenarbeit und die präventive Beratung.

Einzelfallhilfe

„Einzelfallhilfe, die sich immer an einzelne Individuen richtet, lokalisiert die zu bearbeitenden Probleme in den Individuen selbst."[47] Durch ihren Fokus auf das Individuum und aufgrund „ihres fehlenden Einfühlungsvermögens und der fehlenden Sensibilität gegenüber den lokalen Bedingungen und Lebensumständen"[48] wurde die Einzelfallhilfe von der Sozialen Arbeit des Südens für Afrika als weitestgehend ungeeignet erklärt. Auch die für ein Case Management notwendigen politischen Bedingungen sind wenig bis gar nicht vorhanden. Da das Leben in Subsahara-Afrika, weit mehr als in der westlichen Welt, von Gemeinschaften und solidarischem Handeln geprägt ist, hat sich die von der Methode der Einzelfallarbeit geprägte Soziale Arbeit des Nordens in Subsahara-Afrika mehr zu einer gemeinwesenorientierten Ausrichtung entwickelt.[49]

---

[45] Vgl.: ebd., S. 47f.
[46] Vgl.: ebd., S. 39ff.
[47] Vgl.: Galuske, Michael: Methoden der Sozialen Arbeit. Eine Einführung, 9. Aufl., Weinheim, München: Juventa, 2011, (Grundlagentexte Sozialpädagogik, Sozialarbeit), S. 78
[48] Rehlau, Christine/Lutz, Ronald: a. a. O., S. 43
[49] Vgl.: ebd., S. 39ff.

Gemeinwesenarbeit

Gemeinwesenarbeit subsumiert unterschiedliche Konzepte, und es gibt daher keine einheitliche Definition für diese Methode. Karas und Hinte verstehen Gemeinwesenarbeit als „…eine Methode, die einen Komplex von Initiativen auslöst, durch die die Bevölkerung einer räumlichen Einheit gemeinsame Probleme erkennt, alte Ohnmachtserfahrungen überwindet und eigene Kräfte entwickelt, um sich zu solidarisieren und Betroffenheit konstruktiv anzugehen. Menschen lernen dabei persönliche Defizite aufzuarbeiten und individuelle Stabilität zu entwickeln und arbeiten gleichzeitig an der Beseitigung akuter Notstände (kurzfristig) und an der Beseitigung der Ursachen von Benachteiligung und Unterdrückung."[50] Gemeinwesenarbeit konzentriert sich also nicht auf einzelne Individuen oder kleine Gruppen, sondern auf soziale Netzwerke, deren Zusammengehörigkeit durch ethnische, geschlechts- oder altersspezifische, territoriale oder funktionale Faktoren begründet ist. Probleme werden nicht im Subjekt lokalisiert, sondern aus einer gesellschaftlichen Perspektive heraus betrachtet und von der Bevölkerungsgruppe unter Anleitung, Unterstützung, Koordination und/oder Beratung der Sozialarbeitenden angegangen. Ziel ist es, die betroffene Bevölkerungsgruppe zu aktivieren, Ressourcen zu erschließen und dadurch die Problemlagen nachhaltig zu lösen.[51]

Durch die Anwendung der Methode Gemeinwesenarbeit im Rahmen der Entwicklungszusammenarbeit können Sozialarbeitende Bevölkerungsgruppen aktiv in Prozessen der Entscheidungsfindung unterstützen, ihre Interessen gegenüber anderen anwaltlich vertreten, Aufklärung leisten und sie z. B. auch bei der Durchführung von Baumaßnahmen assistieren. Durch die besonderen Kompetenzen von Sozialarbeiterinnen und Sozialarbeitern in den Bereichen Planung, Durchführung und Evaluation sozialer Maßnahmen können sie bei verschiedenen Projekten innerhalb des Gemeinwesens als Begleiter fungieren und dadurch vor allem im vernachlässigten Bereich der Evaluation durch Regierungen oder durch andere Geberorganisationen eine zusätzliche wichtige Hilfe sein.[52]

HIV-Prävention und AIDS-Beratung

Prävention soll durch vorbeugendes Eingreifen die Möglichkeit von Gefahren oder Schäden durch ein als schädlich definiertes Verhalten verhindern bzw. abwehren. Die Methode wird inzwischen in unzähligen Bereichen der Sozialen Arbeit angewandt, wobei z. B. im Hinblick auf ihre zeitliche Erstreckung oder ihre Zielrich-

---

[50] Karas, Fritz/Hinte, Wolfgang: Grundprogramm Gemeinwesenarbeit. Praxis des sozialen Lernens in offenen pädagogischen Feldern, Wuppertal: Jugenddienst-Verlag, 1978, S. 30f.
[51] Vgl.: Galuske, Michael: a. a. O., S. 101f.
[52] Vgl.: Soziale Arbeit heute: Evaluation, 2013, Online verfügbar unter: http://www.soziale-arbeitheute.de/index.php/Evaluation zuletzt geprüft am: 18.05.2013, o. S.

tung noch Differenzierungen vorgenommen werden, die in diesem Zusammenhang aber zu vernachlässigen sind.

Sexualaufklärung und HIV- sowie AIDS-Beratung stellen klassische Bereiche der Prävention dar.[53] Im Kontext der Entwicklungszusammenarbeit sind sie spätestens seit der Formulierung der Millenniumsziele (vgl. Kap. 1.4.2) ein zentrales Thema. Das sechste Millenniumsziel „HIV/AIDS, Malaria und andere übertragbare Krankheiten bekämpfen",[54] verpflichtet alle Länder, ein besonderes Augenmerk auf die Bekämpfung des Virus zu legen. Das Instrument dafür ist der Globale Fonds zur Bekämpfung von AIDS, Tuberkulose und Malaria (GFATM). Abgesehen von humanitären Motiven spielt die HIV- und AIDS-Bekämpfung für die Entwicklungszusammenarbeit eine große Rolle. „Maßnahmen, die auf sexuelle und reproduktive Gesundheit und Rechte zielen sowie auf selbstbestimmte Familienplanung, ermöglichen nachhaltige Entwicklung und verringern das Bevölkerungswachstum".[55]

Obwohl in Subsahara-Afrika aktiv HIV- und AIDS-Prävention betrieben wird, zeigen sich im Hinblick auf die Virusverbreitung keine gravierenden wünschenswerten Veränderungen. Pro Jahr sterben dort ca. 2,2 Millionen Menschen an AIDS und auch die Infizierung mit dem HI-Virus ist nach wie vor ansteigend.[56] Ausgeführt werden die verschiedenen Präventionsprogramme hauptsächlich von Sozialarbeiterinnen und Sozialarbeitern, unter anderem durch Bildungs- und Aufklärungsarbeit an Schulen und Beratungsstellen. Zusätzlich werden Kondome in Dörfern und Städten in Automaten an öffentlichen Plätzen kostenlos zur Verfügung gestellt. Trotz intensiver Bemühungen der Akteure im Kampf gegen HIV und AIDS gibt es nach wie vor viele Bereiche, die optimierbar sind. Vorrangige Kritik ist die mangelnde Einbeziehung von Jungen und Männern außerhalb der homosexuellen Szene[57] sowie der Mangel an Lebensweltorientierung, da die Hilfen zum Beispiel durch nationale Grenzen beschränkt und damit Wanderarbeiter, fahrendes Volk und nicht-sesshafte Bevölkerungsgruppen unberücksichtigt bleiben. Deshalb

---

[53] Vgl.: Galuske, Michael: a. a. O., S. 293ff.
[54] Bundesministerium für wirtschaftliche Zusammenarbeit und Entwicklung (BMZ) (Hrsg.): Die Millenniums-Entwicklungsziele. Hintergründe - Zielerreichung - Engagement, Bonn, 2010, Online verfügbar unter: http://www.bmz.de/de/publikationen/reihen/infobroschueren_flyer/infobroschueren /Materialie204_Informationsbroschuere_04_2010.pdf, zuletzt geprüft am: 19.05.2013, S.4
[55] Bundesministerium für wirtschaftliche Zusammenarbeit und Entwicklung (BMZ) (Hrsg.): Entwicklungspolitisches Konzept plus. Gesundheit und Bevölkerungspolitik -BMZ Roadmap bis 2013-, Bonn, 2012, Online verfügbar unter: http://www.bmz.de/de/publikationen/reihen /sonderpublikationen/Entwicklungspolitisches_Konzept_plus.pdf, zuletzt geprüft am: 28.04.2013, o. S.
[56] Vgl.: Küblböck, Karin: Der Weg ist noch nicht das Ziel, in: Südwind-Magazin 1/2005, Online verfügbar unter: http://www.suedwind-magazin.at/start.asp?ID=235792&rubrik=7&ausg=200501, zuletzt geprüft am: 13.05.2013, o. S.
[57] Vgl.: Brot für die Welt: Mehr Engagement bei der HIV-Prävention notwendig, 2012, Online verfügbar unter: http://www.epo.de/index.php?option=com_content&view=article&id=8994:mehr-engagement-bei-der-hiv-praevention-notwendig&catid=52&Itemid=100, zuletzt geprüft am: 13.05.2013, o. S.

hat die Kreditanstalt für Wiederaufbau (KfW) in der Hoffnung auf Wirkungssteigerung inzwischen ein Konzept entwickelt, das regionale, nicht an Ländergrenzen gebundene HIV- und AIDS Prävention leistet.[58]

Ein Beispiel aus Swasiland zeigt, dass sich die Methode der HIV- und AIDS-Prävention noch deutlich stärker an der Kultur der jeweiligen Regionen orientieren muss. Obwohl die Bevölkerung von Swasiland christlich ist, ist Polygamie, nicht zuletzt durch das von dem König vorgegebene Idealbild, die angestrebte Beziehungsform der männlichen Bevölkerung. Der Brautpreis liegt bei ca. 15 Rindern pro Frau, was für die Basisbevölkerung ein kaum zu zahlender Betrag ist, - vor allem nicht mehrfach. Die einzige Möglichkeit der männlichen Bevölkerung das königliche Vorbild nachzuahmen, besteht im Gelegenheitssex mit oder ohne Einsatz von Gewalt. Dadurch steigt vor allem die Infiziertenrate unter der weiblichen Bevölkerung. Hier müsste die HIV- und AIDS-Prävention deutlich weiter greifen, nämlich an kulturellen Werten ansetzen und auch auf hoher politischer Ebene agieren.[59]

Ein Beispiel aus Südafrika zur Umsetzung der HIV- und AIDS Prävention im Kontext der Sozialen Arbeit ist das von der Gesellschaft für internationale Zusammenarbeit (GIZ) unterstützte Projekt LoveLife. Mit einer Laufzeit von 2011 bis 2025 und Partnern auf nationaler, Provinz- und kommunaler Ebene, betrieben durch Nichtregierungsorganisationen (NGO), private Unternehmen und die AIDS-Beiräte, ist es ein Großprojekt zur Bekämpfung von HIV und AIDS, das viele politische und gesellschaftliche Bereiche umfasst. Es versucht durch eine Förderung der Kompetenzen und der Leistungsfähigkeit von Partnerorganisationen im privaten und staatlichen Sektor und durch aktive gesundheitliche Aufklärung sowie Jugendarbeit in den Unternehmen, die Ausbreitung des Virus einzudämmen. Der Fokus liegt dabei auf den Jugendlichen und jungen Erwachsenen, da diese als die Hauptrisikogruppe gelten. Die GIZ übernimmt kommunikative sowie evaluierende Aufgaben und leistet Unterstützung bei der Implementierung des Programms in die südafrikanische Gesellschaft. Die ausführenden Fachkräfte vor Ort sind studierte oder nicht-studierte Sozialarbeitende des Südens.[60]

---

[58] Vgl.: Anschütz, Katarina: Regionale Entwicklungszusammenarbeit als Beitrag zur Erreichung der Millenniumsziele im Gesundheitsbereich. Erfahrungen der Finanziellen Zusammenarbeit, Positionspapier der EfW Entwicklungsbank, 2007, Online verfügbar unter: https://www.kfw-entwicklungsbank.de/Download-Center/PDF-Dokumente-Development-Research/2007_05_FE_Ansch%C3%BCtz-Regionale-Entwicklungs zusammenarbeit-Gesundheit_D.pdf, zuletzt geprüft am: 13.05.2013, S. 1ff.
[59] Vgl.: Wiedemann, Charlotte: a. a. O.
[60] Vgl.: Deutsche Gesellschaft für Internationale Zusammenarbeit (GIZ): Multisektor HIV/AIDS Präventionsprogramm (MHIVP). HIV/AIDS auf allen Ebenen bekämpfen, 2013, Online verfügbar unter: http://www.giz.de/themen/de/35677.htm, zuletzt geprüft am: 20.05.2013, o. S.

1.3 Politische, gesellschaftliche und historische Gründe für Entwicklungszusammenarbeit

Die Nationen der industrialisierten Welt haben unterschiedliche Motive für ihr Engagement in der Entwicklungszusammenarbeit mit Afrika. Neben humanitären Gründen spielen oft politische, strategische und ökonomische Aspekte eine wesentliche Rolle. Kritiker prangern an, dass die Art und Weise der Entwicklungszusammenarbeit kontraproduktiv und die Höhe der geleisteten Unterstützung zu gering ist. So stellt Seitz fest: „…wenn wir die Ausgaben für Entwicklungshilfe nicht ständig steigern, machen wir uns der unterlassenen Hilfeleistung schuldig",[61] und der schwedische Schriftsteller Mankell vermutet, dass Entwicklungshilfe von den westlichen Ländern geleistet wird, um den afrikanischen Kontinent arm zu halten und zu plündern.[62]

1.3.1 Systemkrisen

Die Welt wird derzeit durch sechs systemische Krisen in beispiellosem Ausmaß bedroht, die durch deren direkte oder indirekte Folgen jedes Land der Erde betreffen. Die Wirtschafts- und Finanzkrise, die Klimakrise, die Armutskrise, die Hungerkrise, die Energiekrise und als Folge dieser fünf Krisen, die anwachsenden Flüchtlingsströme, welche die Systeme der reichen Länder erschüttern. Langfristige Konsequenzen dieser Notlagen sind nicht abschätzbar, würden aber in jedem Falle zu sozialen Unruhen führen, einen Rückgang des Wirtschaftswachstumes bewirken und viele Menschen zu ideologischen Heilsversprechern treiben.[63] Um diese katastrophalen Folgen für die gesamte Welt abzuwenden, sind alle Länder in ihrer solidarischen Mitverantwortung gefragt und aufgefordert, ihre inter- und transnationalen Kooperationen innerhalb der Entwicklungspolitik zu fördern.[64] Außerdem muss von der Einstellung Abstand genommen werden, dass Geberländer aus einem Wohltätigkeitsgedanken heraus Hilfe zur Selbsthilfe für Entwicklungsländer leisten. Geber- und Nehmerländer sollten sich bewusst sein, dass Entwicklungszusammenarbeit auch ein wichtiges politisch-strategisches Instrument ist, welches der Minimierung von Weltrisikoentwicklungen dient.[65]

---

[61] Vgl.: Seitz, Volker: Afrika wird armregiert oder Wie man Afrika wirklich helfen kann. 3. Aufl., München: Deutscher Taschenbuch Verlag, 2009, S. 35
[62] ebd., S. 69
[63] Vgl.: Deutscher, Eckhard: Überwindung der Entwicklungspolitik? Ein Paradigma zwischen Bestandssicherung und neuen Aufgaben, in: Zeitschrift für Außen- und Sicherheitspolitik Jg. 2 4/2009, S. 415–425, hier S. 416
[64] Vgl.: Müller, Michael/Niebert, Kai: Epochenwechsel. Plädoyer für einen grünen New Deal, München: Oekom Verlag, 2009, S. 263
[65] Vgl.: Deutscher, Eckhard: a. a. O., S. 416

1.3.2 Unterentwicklung

Der Terminus Unterentwicklung kann immer eine Wertung in sich tragen, daher soll hier explizit darauf hingewiesen werden, dass er in der vorliegenden Arbeit rein deskriptiv, als das Gegenteil des oben definierten Begriffs der Entwicklung, gebraucht wird.

Die Ursachen für eine Unterentwicklung sind vielfältig und oft auch nicht unabhängig voneinander. Außerdem hat jede Nation, Kultur und Religion spezifisch eigene Gründe für eine etwaige Unterentwicklung. Kausale Pauschalierungen bilden das in der Regel komplexe Gefüge von Wirkungsfaktoren also nicht ab und sind daher zu verwerfen.[66] Für die Unterentwicklung von Subsahara-Afrika sieht Kappel vor allem vier Ursachen:

1.) die nicht endenden kriegerischen Auseinandersetzungen zwischen einzelnen Ethnien oder ganzen Ländern sowie die von Korruption und Asymmetrie geprägten Beziehungen zwischen Bevölkerung und Eliten innerhalb und zwischen den afrikanischen Nationen,
2.) eine niedrige Bereitschaft für Reformen und strukturelle Veränderungen seitens der Regierungen und Eliten,
3.) unbeeinflussbare Faktoren wie die klimatischen Bedingungen des Kontinents, hohe Temperaturen bzw. unberechenbare Temperaturschwankungen, die einen unbestreitbaren Einfluss auf das Verhalten der Menschen haben ebenso wie Hungersnöte und außenwirtschaftliche Faktoren, beispielsweise Schwankungen auf dem Weltmarkt in Form von Nachfrageveränderungen und Wechselkursschwankungen,
4.) die Tatsache, dass afrikanische Nationen ihre Rolle als Entwicklungsland nicht annehmen und sich zu wenig auf den Durchbruch von Marktkräften konzentrieren.[67]

Aus einer anderen Perspektive ergänzt Monga diese Ursachenanalyse, wenn er von den vier großen Schwächen Afrikas spricht. Demnach steht der Entwicklung des afrikanischen Kontinents entgegen,

- dass Bürgerinnen und Bürger aus allen Schichten eine aus der zurückliegenden jahrhundertelangen Sklaverei resultierende nur geringe Selbstachtung besitzen. Stellenweise kann nach Ansicht des Autors sogar von einer kollektiven depressiven Verstimmung gesprochen werden.
- dass die Mehrheit der Bevölkerung an einem erheblichen Bildungsmangel leidet, der aus einer weitreichenden Verachtung der Wissenschaft herrührt,

---
[66] Vgl.: Andersen, Uwe: Entwicklungsdefizite und mögliche Ursachen. a. a. O., S. 21
[67] Vgl.: Kappel, Robert: Die anhaltende Unterentwicklung Afrikas, in: Internationale Politik und Gesellschaft 1/1999, S. 38–55, Online verfügbar unter: http://library.fes.de/pdf-files/ipg/ipg-1999-1/artkappel.pdf, zuletzt geprüft am: 11.05.2013, hier S. 40

da diese mit Einschränkung konträr zu den in Afrika gelebten Traditionen und Gebräuchen steht,
- dass ein Mangel an Führung durch Staatsversagen und einer daraus entstehenden Missachtung der Obrigkeit verbreitet ist,
- dass Defizite in der kommunikativen Kompetenz eine friedliche Lösung von Konflikten verhindern und die Entwicklung von demokratischen Staatsformen und wirtschaftlich effizienten Strategien erschweren.[68]

1.3.3 Historische Gründe

Die jüngere Geschichte Afrikas ist geprägt durch Kolonialisierung und Missionierung. Die Ausbeutung der Rohstoffe und die Entwurzelung der einheimischen Bevölkerung haben die Entwicklungschancen des gesamten afrikanischen Kontinents nachhaltig geschädigt.[69] Um sinnvolle Entwicklungszusammenarbeit mit und für Subsahara-Afrika zu leisten, müssen sich die Geberländer immer auch ihrer kolonialen Vergangenheit bewusst sein. Tun sie das nicht, besteht zumindest die Gefahr, dass sie wieder in alte Muster zurückfallen und den Nehmerländern erneut Wege und Ziele aufoktroyieren, die zwar wohlwollenden Motiven entspringen mögen, aber nicht den spezifischen Lebensbedingungen und Bedarfen der einheimischen Menschen entsprechen.[70] Auch die christliche Missionsarbeit zu Zeiten der Kolonialherrschaft steht heute in der Kritik und wird für die gegenwärtigen Missstände Afrikas mitverantwortlich gemacht.[71]

Bis in die Gegenwart hinein sind die zurückliegende Kolonialisierung und Missionierung von Afrika bemerkbar. Beide Prozesse können in gewisser Weise als Vorläufer der Sozialen Arbeit des Südens betrachtet werden. Wegen ihrer Bedeutung soll auf sie im Folgenden näher eingegangen werden.

---

[68] Vgl.: Monga, Célestin: Die vier Schwächen Afrikas, 2008, Online verfügbar unter: http://www.afrikanet.info/menu/diaspora/datum/2008/12/05/celestin-monga-die-vier-schwaechen-afrikas/?type=98&cHash=b00aa7403d, zuletzt geprüft am: 11.05.2013., o.S
[69] Vgl.: Leistner, Erich: Christliche Mission und Kolonialherrschaft. Urheber von Afrikas Rückständigkeit, 2005, Online verfügbar unter: http://www.swg-hamburg.de/Archiv/Beitrage_aus_der_Rubrik_-_Gesc/Christliche_Mission_und_Kolonialherrschaft.pdf, zuletzt geprüft am: 09.05.2013, S. 5ff.
[70] Vgl.: Massing, Armin/Krämer, Michael: Der Kolonialismus und seine Folgen, in: INKOTA-Dossier Jg. 149 3/2009, S. 2, Online verfügbar unter: http://www.inkota.de/uploads/tx_ttproducts/datasheet/inkota-brief-149_INKOTA_kolonialismus-und-seine-folgen.pdf, zuletzt geprüft am: 09.05.2013, hier S. 2
[71] Vgl.: Leistner, Erich: a. a. O., S. 5ff.

1.3.3.1 Kolonialismus

Rückblickend hat der Kolonialismus verschiedene Ursachen und Intentionen. Sie betreffen ökonomische Interessen wie die Gewinnung von Bodenschätzen, Nahrungsmitteln oder Arbeitskräften, strategische Ziele, etwa die Errichtung von Handels- oder militärischen Stützpunkten, die Missionierung des christlichen Glaubens, und nicht zuletzt die Verhinderung einer Überbevölkerung von Europa.

Ausgangspunkt für die Kolonialisierung Afrikas waren zunächst primär innenpolitische und wirtschaftliche Aspekte, d.h. die Aufrechterhaltung der Handelsfreiheit und die Sicherheit der Seerouten. Zu Beginn war die Kooperationswilligkeit der afrikanischen Staaten auch gegeben. Zunehmend erkannten die Kolonialmächte jedoch die immense wirtschaftliche Bedeutung des afrikanischen Reichtums an Bodenschätzen und an Menschen. Mitte des 19. Jahrhunderts entbrannte dann ein Wettlauf unter den europäischen Staaten um die Erforschung und Eroberung der unbekannten Gebiete vor allem in Subsahara-Afrika. Höhepunkt der Kolonialisierung war die 1884 von Otto von Bismarck initiierte Afrika-Konferenz in Berlin. Um den Wettstreit unter den Kolonialmächten zu mindern, wurde Subsahara-Afrika unter diesen aufgeteilt.[72] Diese Konferenz kann auch als Startschuss für die europäische Entwicklungspolitik und damit für erste Ansätze einer Entwicklungszusammenarbeit betrachtet werden. So betonte Bismarck in seiner Eröffnungsrede das Anliegen, die afrikanische Bevölkerung an die Zivilisation heranzuführen. Alle elf anwesenden Kolonialmächte verpflichteten sich dann auch, Gelder zur Verbesserung der Wohlfahrt in Subsahara-Afrika zur Verfügung zu stellen.[73]

In Afrika selbst führte die Kolonialisierung zu einem weitreichenden Wandel der politischen, wirtschaftlichen und sozialen Strukturen. Bis Mitte des 19. Jahrhunderts herrschte dort eine regionale Vielfalt, es existierten keine festen Grenzen, die Übergänge zwischen den Territorien zweier Stämme waren in der Regel fließend.[74] Als eine der ersten Amtshandlungen führten die Kolonialmächte fest markierte (teilweise willkürlich festgelegte) Landesgrenzen ein und weitestgehend einheitliche politische und wirtschaftliche Systeme.

Je nach Kolonialmacht und in Abhängigkeit der regionalen Bedingungen wurde eines von zwei unterschiedlichen Herrschafts- bzw. Verwaltungsmodellen favorisiert. Das direkte Modell war dadurch charakterisiert, dass alle wichtigen Stellen

---

[72] Vgl.: Mair, Stefan: Ausbreitung des Kolonialismus, in: Informationen zur politischen Bildung Jg. 264 3/2005, S. 13–17, Online verfügbar unter: http://www.bpb.de/internationales/afrika/afrika/58868/kolonialismus?p=all, zuletzt geprüft am: 09.05.2013, hier S. 14
[73] Vgl.: Kopp, Christian: Das Schlüsselereignis des modernen Kolonialismus. Vorgeschichte, Ziele, Verlauf und Folgen der Berliner Afrika-Konferenz, in: INKOTA-Dossier Jg. 149 3/2009, S. 3–5, Online verfügbar unter: http://www.inkota.de/uploads/tx_ttproducts/datasheet/inkota-brief-149_INKOTA_kolonialismus-und-seine-folgen.pdf, zuletzt geprüft am: 09.05.2013, S. 4
[74] Vgl.: Wiedemann, Erich: Afrikanische Kolonien. Der Garten Eden, der keiner war, in: Spiegel Online - Panorama vom 27. Mai 2007, Online verfügbar unter: http://www.spiegel.de/panorama/zeitgeschichte/afrikanische-kolonien-der-garten-eden-der-keiner-war-a-484798-2.html, zuletzt geprüft am: 30.05.2013, o. S.

innerhalb der Verwaltung von Beamten der Kolonialmacht besetzt sind und die ursprünglichen lokalen Strukturen mit Ausnahme der untersten Ebenen konsequent zerschlagen wurden. Das indirekte Modell beließ einzelne, kooperationsbereite einheimische Vertreter in ihrem Amt und nutzte die bereits bestehenden Strukturen für eigene Zwecke. Diese Herrschaftsform war für die Kolonialmächte vergleichsweise kostengünstig, barg aber andererseits das Risiko, dass die einheimischen Verwaltungsbeamten ihren Einfluss für den Widerstand gegen das Kolonialsystem ausnutzten.

Unabhängig von der jeweils implementierten Struktur hatte die Verwaltung die primäre Aufgabe, genügend Gelder einzutreiben, um die Kolonialmacht aufrechtzuerhalten. Geldquellen waren Zwangsarbeit, Steuern und in handelsintensiven Gegenden auch Zölle. Mit diesen Geldern wurde die Infrastruktur nach den Vorstellungen und Interessen der herrschenden Kolonialherren aufgebaut. Eine repressive Rechtsprechung sorgte für Ruhe und Ordnung. Es wuchs eine neue Elite von Verwaltungsbeamten und Unternehmern heran und innerhalb der Bevölkerung formierte sich ein erfolgloser Widerstand des Volkes gegenüber der Obrigkeit, die ausschließlich als repressiver Kontrolleur und Ausbeuter auftrat. Noch heute findet sich diese negative Einstellung gegenüber den ehemaligen Kolonialmächten in der afrikanischen Bevölkerung.

Infolge des Kolonialsystems wurden Sozialstrukturen weitestgehend zerschlagen. So waren die einheimischen Männer häufig gezwungen, sich als Wanderarbeiter zu verdingen, um den Unterhalt der eigenen Familie aufbringen zu können, während die Frauen in den Dörfern blieben und für die Erziehung der Kinder sowie die Bewirtschaftung der Felder verantwortlich waren.[75] Alte Menschen, die zuvor als Familienoberhaupt fungierten, verloren durch ihre erzwungene niedrige Arbeitskraft an sozialer Bedeutung. Frauen wurden in ihrer Stellung gegenüber dem männlichen Geschlecht geschwächt, da sie keinen Zugang zum Bildungssystem hatten und durch den Fokus auf die Wanderarbeit ihrer Männer auch keine Möglichkeit, für den eigenen Lebensunterhalt zu sorgen.[76] Die Zerschlagung althergebrachter Traditionen und die Verbreitung der Wanderarbeit zerstörten die etablierten familiären und stammesbezogenen Sicherungssysteme der nativen Bevölkerung.[77]

Andererseits förderte die Kolonialisierung die Entstehung eines Bildungssystems, den Aufbau einer Infrastruktur sowie die Etablierung eines Gesundheitswesens und damit die Steigerung der Lebenserwartung. Letztere führte allerdings zu einer Explosion der Bevölkerungszahlen, da die Geburtenrate gleich blieb.[78]

---

[75] Vgl.: Mair, Stefan: a. a. O., S. 15f.
[76] Vgl.: ebd., S. 16f.
[77] Vgl.: Maas, Claudia: Soziale Sicherung in Subsahara-Afrika. GRIN Verlag, 2009, S. 11ff.
[78] Vgl.: Mair, Stefan: a. a. O., S. 17

In welchem Ausmaß die heutigen Probleme Afrikas dem Kolonialismus zugeschrieben werden können ist umstritten.[79] Nach Wambui ist „...vieles heute schlechter als zu Beginn der Unabhängigkeit" von den Kolonialmächten.[80] Beispielhaft führt er das kenianische Schienennetz an, das im Hinblick auf seinen technischen Zustand noch immer auf dem gleichen Stand ist wie zu der Zeit, als die britische Kolonialmacht abgezogen ist. Andere Autoren verweisen darauf, dass die Hochphase der Kolonialisierung Afrikas im Vergleich zu der von asiatischen Staaten mit etwa 50 Jahren relativ kurz war, und sie folgern daraus, dass weder der Kolonialismus noch die Globalisierung Hauptursachen für die Unterentwicklung und Armut in Subsahara-Afrika sein können.[81,82]

1.3.3.2 Christliche Missionsarbeit

Christliche Missionare waren die ersten Weißen, die aus humanitären Gründen nach Afrika kamen. Die Missionsarbeit kann daher als ein relevanter Grundstein für die Soziale Arbeit auf dem Kontinent gelten. Sie wurde von der Kolonialverwaltung weitgehend positiv bewertet. Häufig wird ihr deshalb unterstellt, sie hätte sich von den Kolonialmächten instrumentalisieren lassen und hätte jener nur zugearbeitet. Auch wenn die Missionierenden teilweise unter dem Schutz der Kolonialregierungen standen und ihr Einfluss auf die Einheimischen ebenso groß war wie der der kolonialen Verwaltung, ist dies in Frage zu stellen. Hauptaufgabe und Ziel der Missionsarbeit war es, die Menschen durch Erziehung zur Arbeit zu einem gefestigten Glauben zu führen. Um dies zu erreichen, wurde versucht „den Schwarzen die kulturelle Überlegenheit der weißen Rasse und damit ihrer religiösen Lehren verständlich zu machen, indem man sie durch praktische Schulung an ein sittlich höheres und tätigeres Leben zu gewöhnen beginnt und ihnen allerlei für sie selbst nützliche Handfertigkeiten beibringt."[83]

Bereits vor den Kolonialmächten wurden durch die Missionsarbeit Krankenhäuser errichtet, Schulen eröffnet, Bildungs- und Ausbildungsstätten für das Handwerk, das Lehrerpersonal und für Pastoren gebaut sowie die Einheimischen im Ausbau der Landwirtschaft unterstützt. Auch die Verschriftlichung afrikanischer Sprachen und Dialekte ist den Missionierenden zu verdanken, die Sprachlexika schrieben und Gebets- und Gesangsbücher sowie die Bibel übersetzten.

Die christliche Missionsarbeit muss sich der Kritik stellen, einheimische Gebräuche und Riten missachtet, eigene Wert- und Normensysteme der angestamm-

---

[79] Vgl.: Krafczyk, Eva: Afrika. Das blutige Erbe der Kolonialherren, 2009, Online verfügbar unter: http://www.news.de/politik/855032612/das-blutige-erbe-der-kolonialherren/1/, zuletzt geprüft am: 09.05.2013, o. S.
[80] ebd.
[81] Vgl.: Leistner, Erich: a. a. O., S. 5ff.
[82] Vgl.: Osterhammel, Jürgen: Kolonialismus. Geschichte - Formen - Folgen, 6. Aufl., München: Beck, 2009, (Beck'sche Reihe), S. 124
[83] Leistner, Erich: a. a. O., S. 5

ten Bevölkerung aufoktroyiert und damit keine günstige Ausgangsbedingung für eine politische und wirtschaftliche Entwicklung geschaffen zu haben. Die Missionierenden kamen mit der Überzeugung, dass eine vollkommene Bekehrung nur durch eine endgültige Zerstörung der ursprünglichen Traditionen möglich wäre.[84] Tatsächlich gelang ihnen dies jedoch nicht. Die native Bevölkerung hat bis heute Elemente der westlichen Welt sowie des christlichen Glaubens nach und nach in ihre eigenen Traditionen und Bräuche eingemischt, wodurch gegenwärtig eine Vielzahl unterschiedlicher Ausprägungen des Christentums auf dem Kontinent verbreitet sind.[85]

1.3.4 Gründe auf Seiten der Akteure

Nach Albert Schweitzer gebietet uns „..die Ehrfurcht vor dem Leben [...], den hilfsbedürftigen Völkern in aller Welt Hilfe zu bringen.[...] Letzten Endes ist alles, was wir den Völkern der früheren Kolonien Gutes erweisen, nicht Wohltat, sondern es ist unsere Sühne für das Leid, was wir Weißen von dem Tag an über sie gebracht haben, da unsere Schiffe den Weg zu ihren Gestaden fanden. Es muss dahin kommen, dass Weiß und Farbig sich in ethischem Geist begegnen."[86]

Die Gründe für Entwicklungszusammenarbeit sind auch gegenwärtig häufig nicht nur humanitärer Art.[87] Zwar geht es der Mehrheit der Geberländer darum, Unterentwicklung zu überwinden und eine Anhebung des Entwicklungsstandes der Nehmerländer zu erreichen, aber dies resultiert nicht nur aus dem Gedanken einer sozialen Verpflichtung, einem christlichen Sühnegedanken oder der Nächstenliebe. Vielmehr haben politische, ökonomische und ökologische Interessen eine mitentscheidende Rolle. Motive für bilaterale Leistungen im Rahmen der Entwicklungszusammenarbeit sind oftmals der Wunsch nach Nachfragesteigerung von Produkten des Geberlandes in den Nehmerländern und damit die Sicherstellung von Arbeitsplätzen im eigenen Land,[88] die Versorgung mit Ressourcen[89] und die Ein-

---

[84] Vgl.: ebd., S. 5ff.
[85] Vgl.: Osterhammel, Jürgen: a. a. O., S. 104
[86] Schweitzer, Albert: Mein Wort an die Menschen. Verschriftlichte Aufnahme, Lambaréné/Gabun, 1965, Online verfügbar unter: http://www.friedenspreis-des-deutschen-buchhandels.de/sixcms/ media.php/1290/Kurzmitteilung_Albert%20Schweitzer_Mein%20Wort%20an%20Menschen.pdf, zuletzt geprüft am: 19.05.2013, S. 2
[87] Vgl.: Fischermann, Thomas: Entwicklungshilfe: "Der Kalte Krieg ist wieder da". Entwicklungshilfe ist eine Waffe im Kampf um Öl, Erze und Absatzmärkte. Ein Interview mit dem amerikanischen Friedensforscher Michael T. Klare, in: DIE ZEIT (Hamburg), Nr. 1 vom 28. Dezember 2006, S. 24, Online verfügbar unter: http://www.zeit.de/2007/01/EWP-Interview-Klare, zuletzt geprüft am: 20.05.2013, hier S. 24
[88] Vgl.: Andersen, Uwe: Deutschlands Entwicklungspolitik im internationalen Vergleich, in: Informationen zur politischen Bildung Jg. 286 1/2005, S. 54–65, hier S. 54f.
[89] Vgl.: Fischermann, Thomas: a. a. O., S. 24

dämmung von Flüchtlingsströmen, organisierter Kriminalität und Terrorismus.[90] Multilaterale Entwicklungszusammenarbeit hat ebenfalls neben ethischen Gründen, wie z. B. die Sicherung des globalen Friedens und der Umwelt sowie die Achtung der Menschenrechte, auch Motive, welche die Stärkung der eigenen Wirtschaftskraft und die der heimischen Finanzmärkte betreffen. In einigen Fällen kann außerdem der Gedanke einer ‚Wiedergutmachung' begangener Untaten während der Zeit der Kolonialisierung Anlass für das Engagement sein.[91]

1.4 Ziele und Intentionen

Trotz der in vielerlei Hinsicht großen Unterschiedlichkeit der 49 Staaten in Subsahara-Afrika, in denen insgesamt ca. 853 Millionen Menschen[92] leben, hat Entwicklungszusammenarbeit aus einer Metaperspektive in der gesamten Region die gleichen Ziele.[93] Je nach Perspektive der Zielformulierenden werden diese allerdings unterschiedlich pointiert und es muss grundsätzlich auch unterschieden werden, ob es sich um eine eher kurzfristig angelegte humanitäre Notfallhilfe oder eine nachhaltige Entwicklungszusammenarbeit handelt.

Allgemein und übereinstimmend besteht das explizit formulierte Hauptziel jeglicher Entwicklungszusammenarbeit in der Anhebung der Lebensverhältnisse innerhalb der weniger entwickelten Länder. Darunter fallen die Bekämpfung von Hunger, die Reduzierung von Krankheit und die Eindämmung von Analphabetismus. Kevenhörster und van den Boom postulieren vier Zieldimensionen: soziale Gerechtigkeit, wirtschaftliche Leistungsfähigkeit, politische Stabilität und ein ökologisches Gleichgewicht. Ihr Fokus liegt also auf der Beseitigung von Armut, dem Schutz der vorhandenen Ressourcen und der Umwelt sowie der Förderung von Bildung und Ausbildung.[94] Hesse und Gruber ordnen die Ziele der Entwicklungszusammenarbeit in einer Art Bedürfnispyramide.[95] Das grundlegende und primäre Ziel sehen sie in der unmittelbaren materiellen Bedürfnisbefriedigung der Notleidenden (Essen, Kleidung, Trinkwasser, Unterkunft). Darauf aufbauend folgt die

---

[90] Vgl.: Mair, Stefan/Werenfels, Isabelle: Deutsche Afrikapolitik, in: Informationen zur politischen Bildung Jg. 303 2/2009, S. 65–69, hier S. 66
[91] Vgl.: Andersen, Uwe: Deutschlands Entwicklungspolitik im internationalen Vergleich, a. a. O., S. 54f.
[92] Vgl.: Bundesministerium für wirtschaftliche Zusammenarbeit und Entwicklung (BMZ): Afrika südlich der Sahara. Regionale Zusammenarbeit fördern, 2013, Online verfügbar unter: http://www.bmz.de/de/was_wir_machen/laender_regionen/subsahara/index.html, zuletzt geprüft am: 09.05.2013, o. S.
[93] Vgl.: Bundesministerium für wirtschaftliche Zusammenarbeit und Entwicklung (Hrsg.): Medienhandbuch Entwicklungspolitik 2000. Berlin: 21.06.2001, Online verfügbar unter: http://fa1.spd-berlin.de/Dokumente/medhbbmz.pdf, zuletzt geprüft am: 21.04.2013, S. 68
[94] Kevenhörster, Paul/van Boom, Dirk: a. a. O., S. 30ff.
[95] Vgl.: Hesse, Peter/Gruber, Petra C.: Basistext zur ziel-effizienten Mittelverwendung, in: Global Marshall Plan Initiative/Hesse, Peter (Hrsg.): Solidarität die ankommt! Ziel-effiziente Mittelverwendung in der Entwicklungszusammenarbeit, Hamburg: Eigenverlag, 2006, S. 27–43, S. 29 ff

„Armutsbekämpfung im umfassenden Sinne."[96] Darunter fallen der Zugang zu Basisgesundheitsdiensten und damit verbunden auch die Chance auf eine gesunde Ernährung, auf Bildung und Arbeit. Sind diese beiden Ziele erreicht, geht es darum, Partizipation anzustreben, also die Teilhabe der Bevölkerung am soziokulturellen, politischen und ökonomischen Leben, und damit auch die Möglichkeit auf ein autonomes Leben in Frieden, Freiheit und Würde. Nach Hesse und Gruber muss Entwicklungszusammenarbeit grundsätzlich der Devise folgen, dass man niemanden entwickeln kann und dass es keine allgemeingültigen Lösungsmöglichkeiten gibt. „Um aus Betroffenen Beteiligte zu machen, bedarf es ihrer Partizipation bei der Idee und der Konzeption von Maßnahmen bis hin zu deren Umsetzung. Entscheidungen sind nicht für, sondern mit der Bevölkerung zu treffen."[97]

Leitend für das Engagement der Bundesregierung ist das von ihr in den 1990er Jahren verfasste Afrikakonzept, nach dem seit März 1998 gearbeitet wird. Vom Wortlaut her folgt es den oben angesprochenen Postulaten. Das explizit formulierte Grundziel besteht demnach darin, Rahmenbedingungen zu schaffen, in denen alle Menschen ein selbstbestimmtes Leben in einem gerechten und friedlichen Gesellschafts- und Politiksystem führen können. Nach diesem Konzept soll bei der Planung und Durchführung der Maßnahmen auf die Vielfältigkeit der Entwicklungsländer eingegangen werden.[98] Eine Erläuterung und bewertende Analyse des Afrikakonzepts der Bundesregierung erfolgen in Abschnitt 2.4.

1.4.1 Ökosoziales Marktmodell

Nach Rademacher ist der Reichtum einer Gesellschaft von insgesamt acht grundlegenden Faktoren abhängig. Nur wenn alle hinreichend berücksichtigt sind, bleibt der nationale Wohlstand erhalten. Hierzu zählen:

1. „ein gut funktionierendes, leistungsfähiges Governance-System,
2. ausgebildete, geeignet orientierte und motivierte Menschen,
3. auf internationalem Niveau entwickelte Infrastrukturen,
4. ein umfassender Kapitalstock,
5. der Zugriff auf benötigte Ressourcen,
6. eine leistungsfähige Forschung mit international konkurrenzfähigen Innovationsprozessen,
7. ein stabiles, leistungsfähiges Finanzsystem und
8. eine enge Einbettung der Unternehmen und Menschen in weltweite Wertschöpfungsnetzwerke."[99]

---

[96] ebd.
[97] ebd., S. 31
[98] Vgl.: Bundesministerium für wirtschaftliche Zusammenarbeit und Entwicklung (BMZ) (Hrsg.): Medienhandbuch Entwicklungspolitik 2000, a. a. O., S. 69
[99] Rademacher, Franz Josef: a. a. O., S. 27f.

Diese Faktoren betreffen primär systemische Prozesse und beruhen nicht auf den Handlungen einzelner Individuen. Demnach muss sich Entwicklungszusammenarbeit, will sie nachhaltig sein, auf politische Systeme und Strukturen konzentrieren und darf sich nicht nur auf die Unterstützung einzelner Zielgruppen beschränken.[100]

1.4.2 Millenniumsziele

Als Millenniumsziele werden die im Rahmen des UN-Gipfels in New York im Jahr 2000 festgelegten Grundwerte einer anstrebenswerten Gesellschaft bezeichnet, über die 189 Staaten übereinkamen. Sie beabsichtigen Armut und deren Folgen zu bekämpfen und allen Menschen eine Lebensgrundlage zu bieten, auf der sie sich frei entwickeln können.

In diesen Millenniumszielen sind vier richtungsgebende und in gegenseitiger Abhängigkeit stehende Bereiche festgelegt, welche die internationale und nationale Politik beeinflussen sollen: der globale Frieden durch Abrüstung und einer damit verbundenen Sicherheit für alle Menschen, die Bekämpfung von Armut durch Entwicklung, der Umweltschutz und die Einhaltung der Menschenrechte durch demokratische Regierungsführung (Good Governance).[101] Good Governance beinhaltet dabei mehr als eine demokratische Staatsführung. Sie meint auch die Kooperation mit staatlichen und nicht-staatlichen Akteuren. Es geht hier also sowohl um den politischen Entscheidungsprozess als auch um die Formulierung und Umsetzung politischer Inhalte. Good Governance schafft einen politischen Rahmen, in dem erfolgreiche soziale, ökologische und wirtschaftliche Entwicklung möglich werden.[102]

Aus den genannten vier Handlungsfeldern sind acht Hauptziele abgeleitet, die wiederum durch 21 Zielvorgaben mit 60 Indikatoren konkretisiert werden.[103] Diese Hauptziele (Millennium Development Goals, MDG) sollen von allen beteiligten Staaten bis zum Jahr 2015 erreicht werden:[104]

„MDG 1: den Anteil der Weltbevölkerung, der unter extremer Armut und Hunger leidet, halbieren,
MDG 2: allen Kindern eine Grundschulausbildung ermöglichen,

---

[100] Vgl.: ebd., S. 29
[101] Vgl.: Bundesministerium für wirtschaftliche Zusammenarbeit und Entwicklung (BMZ): Millenniumserklärung, 2013, Online verfügbar unter: http://www.bmz.de/de/service/glossar/M/millenniumserklaerung.html, zuletzt geprüft am: 19.05.2013, o. S.
[102] Vgl.: Bundesministerium für wirtschaftliche Zusammenarbeit und Entwicklung (BMZ): Good Governance, 2010, Online verfügbar unter: http://www.bmz.de/d/was_wir_machen/themen/goodgovernance/index.html, zuletzt geprüft am: 21.04.2013, o. S.
[103] Vgl.: Rogall, Holger/Meier, Mareike/Binswanger, Hans Christoph: a. a. O., S. 376
[104] Vgl.: Bundesministerium für wirtschaftliche Zusammenarbeit und Entwicklung (Hrsg.): Die Millenniums-Entwicklungsziele. Hintergründe - Zielerreichung - Engagement, a. a. O., S. 4

MDG 3: die Gleichstellung der Geschlechter fördern und die Rechte von Frauen stärken,
MDG 4: die Kindersterblichkeit verringern,
MDG 5: die Gesundheit der Mütter verbessern,
MDG 6: HIV/AIDS, Malaria und andere übertragbare Krankheiten bekämpfen,
MDG 7: den Schutz der Umwelt verbessern,
MDG 8: eine weltweite Entwicklungspartnerschaft aufbauen."[105]

Befürworter der Millenniumsziele betonen, dass mit ihnen zum ersten Mal in der Geschichte eine internationale Einigkeit über die Ziele von Entwicklungszusammenarbeit erreicht wurde und dass außerdem mit der Formulierung von konkreten Zeitvorgaben ein Ansporn für die unterzeichnenden Nationen gegeben ist, konkrete Maßnahmen zur Zielerreichung auf nationaler und internationaler Ebene zu initiieren. Die Zielerreichung wird dann auch durch jährlich vom UN-Generalsekretär, dem Internationalen Währungsfond (IWF) und der Weltbank verfasste Zwischenberichte überwacht und evaluiert.

Es finden sich jedoch auch kritische Stimmen. Sie bemängeln vor allem die fehlende völkerrechtliche Verbindlichkeit und, dass mit der Formulierung von Milleniumszielen nicht eine überfällige und grundsätzliche Reformierung der internationalen Entwicklungshilfepolitik einhergeht.[106] Eine Reform der einschlägigen nationalen politischen und wirtschaftlichen Systeme halten sie aber gerade unter Bezugnahme auf die Einhaltung der Menschenrechte als zwingend notwendig, um die Situation in der Welt nachhaltig zu verbessern.[107]

Auch seien die Ziele zu optimistisch angesetzt und daher für viele Nationen von vornherein nicht erreichbar. Damit bestände die Gefahr, dass Entwicklungsländer, welche die Ziele im vorgesehenen Zeitkorridor nicht erreichen würden, an den Pranger gestellt und damit desillusioniert würden.[108] Diese Befürchtungen sind insofern ernst zu nehmen, als die Erreichung der Mehrheit der formulierten Ziele alleine den Entwicklungsländern überlassen bleibt und die Industriestaaten, – obwohl das achte Millenniumsziel den Aufbau einer weltweiten Partnerschaft fordert –, hier nicht eingebunden sind. So stellt sich auch die Frage, inwieweit die Unterzeichnung der Millenniumsziele den Entwicklungsländern ‚aufgedrängt' wurde und ob ihnen ein angemessener Raum bleibt, eigene Entwicklungsprioritäten festzulegen.[109]

---

[105] Bundesministerium für wirtschaftliche Zusammenarbeit und Entwicklung (Hrsg.): Die Millenniums-Entwicklungsziele. Hintergründe - Zielerreichung - Engagement, a. a. O., S. 4
[106] Vgl.: Andersen, Uwe: Entwicklungspolitik seit den neunziger Jahren, in: Informationen zur politischen Bildung Jg. 286 1/2005, S. 46–48, hier S. 48
[107] Vgl.: Verband Entwicklungspolitik deutscher Nichtregierungsorganisationen e. V. (Hrsg.): Planet 8. Die UN-Millenniumsziele, Ein Fahrplan gegen weltweite Armut, Hannover, 2007, Online verfügbar unter: http://www.24zwoelf.de/tl_files/bilder/archiv/broschueren/planet8.pdf, zuletzt geprüft am: 19.05.2013, S. 52
[108] Vgl.: Andersen, Uwe: Entwicklungspolitik seit den neunziger Jahren, a. a. O., S. 48
[109] ebd., S. 29ff.

Schließlich geben die Kritiker zu Recht zu bedenken, dass die Frage der Nachhaltigkeit der Ziele nicht zufriedenstellend beantwortet ist. Dies wird bei dem Thema Armutsbekämpfung deutlich (vgl. MDG 1): Armut wird dort primär als wirtschaftliche Armut verstanden. Faktoren, die Armut dauerhaft und strukturell vermindern können, wie z. B. die Frage nach der Ressourcenverteilung, das Machtgefälle innerhalb der politischen Systeme oder das Ausmaß an Partizipation und sozialer Sicherheit, sind entweder außer Acht gelassen oder nur am Rande berücksichtigt.[110] So konzentriert sich die Perspektive insgesamt sehr auf die individuellen Lebensweisen der Menschen und eine Bezugnahme auf strukturelle Ursachen erfolgt noch zu wenig.[111] Ziele im Rahmen der Entwicklungszusammenarbeit können aber grundsätzlich nur dann erreicht werden, wenn „jeder Mensch über die grundlegenden Mittel für ein produktives Leben verfügt",[112] die dann auch strukturell verankert sind. Grundlegende Mittel sind laut dem 2005 erschienenen Sachs-Report: Bildung, politische Teilhabe, Garantie der Menschenrechte und Zugänge zum Markt und zur Infrastruktur.[113]

Alles in allem stellt die Festlegung von Millenniumszielen zwar ein wichtiger Schritt in eine gemeinsame Zukunft der Welt dar, diesem müssen aber weitere folgen, um den berechtigten Einwänden zu begegnen.

1.5 Akteure und Träger

In der derzeitigen Entwicklungszusammenarbeit finden sich sowohl von ihrem eigenen Selbstverständnis her betrachtet als auch im Hinblick auf deren Engagement eine Vielzahl unterschiedlicher Akteure. Nationale Auftraggeber sind dabei von internationalen und öffentliche von freien Trägern zu differenzieren.

1.5.1 Nationale Auftraggeber

Ein nicht zu unterschätzender Vorteil der bilateralen gegenüber der multilateralen Entwicklungszusammenarbeit besteht darin, dass das Geberland bessere Kontrollmöglichkeiten über die Mittelverwendung und nebenbei meist auch einen größeren Profit aus der Gewährung von Hilfen hat. Auch aus diesem Grund versucht die Bundesregierung derzeit den Anteil der bilateralen Entwicklungszusammenarbeit zu erhöhen.[114] Dabei spiegelt sich das Bundesstaatsprinzip, also der Aufbau in

---

[110] Vgl.: Verband Entwicklungspolitik deutscher Nichtregierungsorganisationen e.V. (Hrsg.): Planet 8. Die UN-Millenniumsziele, Ein Fahrplan gegen weltweite Armut, a. a. O., S. 50
[111] Vgl.: Gruber, Petra C.: a. a. O., S. 64
[112] Millenniums Projekt (Hrsg.): Bericht an den Generalsekretär der Vereinten Nationen. In die Entwicklung investieren. Ein praktischer Plan zur Erreichung der Millenniums-Entwicklungsziele, zuletzt geprüft am: 19.05.2013, S. 15
[113] Vgl.: ebd.
[114] Vgl.: Nuscheler, Franz: a. a. O., S. 342

Kommunen bzw. Gemeinden, Ländern und Bund, in den Leistungsebenen der deutschen bilateralen Entwicklungszusammenarbeit wider.[115]

Neben der Bundesregierung, der das Gros der Entwicklungszusammenarbeit zufällt, leisten die Bundesländer und Kommunen Hilfe, etwa in Form von Partnerschaften mit Städten oder ganzen Regionen der Nehmerländer.[116] Ein Beispiel hierfür ist die Kooperation von Nordrhein-Westfalen mit dem ostafrikanischen Staat Ruanda.

Auf Bundesebene bestehen aktuell mehrere Zuständigkeiten, was die Koordination der Hilfeleistung erschwert. Hauptakteur und übergreifend tätig ist das Bundesministerium für wirtschaftliche Zusammenarbeit (BMZ). Es ist verantwortlich für die Planung von Leistungen und für den Abschluss von Kooperationsverträgen mit Nationen, mit denen eine Partnerschaft besteht oder eingegangen werden soll.[117] Daneben steht das Auswärtige Amt für all diejenigen Aufgaben in der Verpflichtung, welche bei nationalen oder regionalen Katastrophen anfallen. Schließlich hat das Bundesministerium für Wirtschaft und Arbeit die Entscheidungsverantwortung für diejenigen Fragestellungen, welche die Weltwirtschaft als Ganzes berühren. Hier handelt es sich um Themen, welche die Entwicklungszusammenarbeit betreffen oder Überschneidungen mit dieser haben.

Im Kontext der Entwicklungszusammenarbeit sind außerdem auf Bundesebene der Ausschuss für wirtschaftliche Zusammenarbeit und Entwicklung (AwZ) und der Haushaltsausschuss (HA) zuständig. Dort werden Vorlagen zur Entscheidungsfindung für die Entwicklungszusammenarbeit relevante Inhalte im Bundestag erarbeitet.[118] Schließlich ist es die GIZ, die einen Großteil der durch die Bundesministerien geplanten und ausgehandelten Maßnahmen durchführt, Fach- bzw. Einsatzkräfte aus- oder weiterbildet und mit Nichtregierungsorganisationen (NGO) aus den Nehmerländern kooperiert.[119] Die GIZ ist eine vergleichsweise junge Organisation, sie ist Anfang 2011 aus dem Zusammenschluss der Deutschen Gesellschaft für Technische Zusammenarbeit (GTZ), dem Deutschen Entwicklungsdienst (DED) und der Organisation Internationale Weiterbildung und Entwicklung gGmbH (InWEnt) entstanden.[120]

---

[115] Vgl.: Andersen, Uwe: Deutschlands Entwicklungspolitik im internationalen Vergleich, a. a. O., S. 55
[116] Vgl.: Ameln, Falko: a. a. O., S. 86
[117] Vgl.: ebd.
[118] Vgl.: Andersen, Uwe: Deutschlands Entwicklungspolitik im internationalen Vergleich, a. a. O., S. 55f.
[119] Vgl.: Bundesministerium für wirtschaftliche Zusammenarbeit und Entwicklung (BMZ): Akteure der bilateralen Zusammenarbeit. Durchführungsorganisationen, 2013, Online verfügbar unter: http://www.bmz.de/de/was_wir_machen/wege/bilaterale_ez/akteure_ez/durchfuehrungsorga/index.html, zuletzt geprüft am: 19.05.2013, o. S.
[120] Vgl.: Bundesministerium für wirtschaftliche Zusammenarbeit und Entwicklung (BMZ): Deutsche Gesellschaft für Internationale Zusammenarbeit, 2013, Online verfügbar unter: http://www.bmz.de/de/was_wir_machen/wege/bilaterale_ez/akteure_ez/einzelakteure/giz/index.html, zuletzt geprüft am: 21.04.2013, o. S.

Neben diesen Auftraggebern und Trägern existieren im Rahmen der bilateralen Zusammenarbeit weitere bundesweit agierende Organisationen. Die wichtigsten sind:

- kirchliche Entwicklungsdienste, z. B. Christliche Fachkräfte International (CFI), Internationaler kirchlicher Friedensdienst (Eirene),
- parteipolitische Stiftungen, die beispielsweise durch Maßnahmen zur politischen Bildung in Entwicklungsländern oder die Vergabe von Stipendien die Entwicklungszusammenarbeit fördern,
- das Centrum für Internationale Migration (CIM), das sich vor allem mit der Vermittlung und Bezuschussung von Fachkräften an Organisationen in Zielländer befasst,
- Bildungseinrichtungen, die ihre Aufgabe in der Vorbereitung von Fachkräften auf ihren Einsatz oder in der Durchführung von Aus- und Fortbildungen für ausländische Führungskräfte und Stipendiaten sehen (z. B. Carl-Duisberg-Gesellschaft (CDG), und
- viele weitere private oder freie Initiativen, Stiftungen und Vereine, die auf lokaler Ebene wirken.

1.5.2 Internationale Organisationen

Internationale, also multilaterale Entwicklungszusammenarbeit hat im Vergleich zur bilateralen den Vorteil, dass sie einen größeren Grad an Unabhängigkeit aufweist, umfangreiche Projekte mit einer großen Reichweite planen und durchführen kann und eine höhere Neutralität besitzt. Nicht zuletzt wegen des höheren organisatorischen Aufwandes ist sie allerdings auch kostspieliger.[121,122] Die wichtigsten Akteure auf dieser Ebene sind die Vereinten Nationen (UNO), die Weltbank, der Internationale Währungsfond (IWF), die Organisation für wirtschaftliche Zusammenarbeit und Entwicklung (OECD) sowie die Welthandelsorganisation (WTO).[123]

Internationale Entwicklungszusammenarbeit agiert in Bereichen der technischen, personellen und finanziellen Zusammenarbeit, in der Notfallhilfe, der Analyse von gegenwärtigen oder zukünftigen Entwicklungen und damit auch in der Wissensgenerierung.[124] Weiter setzt sie sich aktiv für die Benachteiligtenförderung

---

[121] Vgl.: Wirtschaftsenzyklopädie: Entwicklungshilfe, 2009, Online verfügbar unter: http://www.economia48.com/deu/d/entwicklungshilfe/entwicklungshilfe.htm, zuletzt geprüft am: 19.05.2013, o. S.
[122] Vgl.: Deutsches Institut für Entwicklungspolitik (Hrsg.)/Weinlich Silke/Grimm, Sven: a. a. O., S. 2f.
[123] Vgl.: Andersen, Uwe: Internationale Akteure der Entwicklungspolitik. Internationale Nichtregierungsorganisationen, in: Informationen zur politischen Bildung Jg. 286 1/2005, S. 37–45., hier S. 37ff.
[124] Vgl.: Nuscheler, Franz: a. a. O., S. 341f.

ein, vor allem für Menschen mit Behinderung, für arme, alte oder kranke Menschen, für Frauen und allgemein für die Wahrung der Menschenrechte.[125] Kritische Stimmen gegenüber ihren Aktivitäten bzw. der dort involvierten Organisationen werden in der jüngeren Vergangenheit immer lauter. Sie betreffen vor allem den Mangel an Koordination und die fehlende Transparenz der Mittelverwendung. Beides ist sicherlich zu einem erheblichen Teil der stetig steigenden Anzahl von Institutionen, Akteuren und Projekten geschuldet, den daraus resultierenden hohen Transaktionskosten sowie dem umfangreichen Verwaltungs- und Controllingsystem.[126]

1.5.3 Nichtregierungsorganisationen

Gemeinsames Merkmal der Nichtregierungsorganisationen (NGO) ist ihre Gemeinnützigkeit. Sie sehen sich als Interessensverbände, welche die soziale, kulturelle oder wirtschaftliche Situation eines Landes verbessern wollen.[127] Ihr Fokus liegt also auf sozialpolitischen Fragestellungen und sie sind in gewisser Weise eine autonome Gegenkraft zu den Regierungen und der Staaten- und Wirtschaftswelt.[128,129] NGO sind nicht nur in finanzieller Hinsicht auf ehrenamtliche Arbeit angewiesen. Für ihr Engagement sind vielmehr auch die vielfältigen Erfahrungen der ehrenamtlich Mitarbeitenden mit regionalen Netzwerkpartnern und deren Wissen über die spezifischen Bedingungen, die in den Nehmerländern vorherrschen, von großer Bedeutung.[130]

Die Meinung der Fachwelt über die NGO ist gespalten. Gelobt wird ihre Rolle als demokratisches Gegengewicht.[131] Eingefahrene und routinierte Abläufe der

---

[125] Vgl.: Deutsches Institut für Entwicklungspolitik (Hrsg.)/Weinlich Silke/Grimm, Sven: Die Entwicklungszusammenarbeit der EU und der UN. Wofür sollte sich Deutschland einsetzen?, Analyse und Stellungnahme, Bonn, 2009, Online verfügbar unter: http://www.die-gdi.de/CMS-Homepage/openwebcms3.nsf/(ynDK_contentByKey)/ANES-7YKJWG/$FILE/AuS%2013.2009.pdf, zuletzt geprüft am: 14.05.2013, S. 1f..
[126] Vgl.: Hermle, Reinhard/Hauschild, Tobias: Umstritten und für gut befunden. Wie Budgethilfe zu einer wirkungsvollen EZ beiträgt, Eine Studie im Auftrag von Oxfam Deutschland e.V., Berlin, 2012, Online verfügbar unter: www.oxfam.de/sites/www...de/.../studie_budgethilfe_web.pdf, zuletzt geprüft am: 21.04.2013, S. 2
[127] Vgl.: Bundeszentrale für politische Bildung: : Nicht-Regierungsorganisationen (NGOs). 30.06.2010, Online verfügbar unter: http://www.bpb.de/wissen/3UD6BP,0,0,Nicht Regierungsorganisationen_(NGOs).html, zuletzt geprüft am: 28.04.2013, o. S.
[128] Vgl.: Leonie Wagner: Soziale NGOs und die EU. Zivilgesellschaftliche Akteure und der Zivile Dialog, in: Wagner, Leonie (Hrsg.): Internationale Perspektiven Sozialer Arbeit. Wiesbaden: VS Verlag für Sozialwissenschaften, 2009, S. 227–242, hier S. 228
[129] Vgl.: Nuscheler, Franz: a. a. O., S. 378
[130] Vgl.: Bundesministerium für wirtschaftliche Zusammenarbeit und Entwicklung (BMZ) (Hrsg.): Entwicklungspolitische Informations- und Bildungsarbeit. Konzept 159, 2008, Online verfügbar unter: http://www.bmz.de/de/publikationen/reihen/strategiepapiere/konzept159.pdf, zuletzt geprüft am: 28.04.2013, S. 7
[131] Vgl.: Nuscheler, Franz: a. a. O., S. 379

Regierungen können durch ihre Arbeit neue Anstöße erhalten und die Aufmerksamkeit der öffentlichen Einrichtungen kann auf weniger beachtete Themen gelenkt werden. Da sie in ihrem Wirken nicht in den Zeitfenstern einer Legislaturperiode denken und nicht auf Wählerstimmen angewiesen sind, können sie auch unpopuläre Entscheidungen treffen, vor allem aber in längeren Zeiträumen planen und agieren. Die Hilfsangebote der NGO sind außerdem durch ihre Nähe zur Bevölkerung häufig niedrigschwelliger, transparenter und dadurch für die jeweiligen Zielgruppen auch vertrauenserweckender.[132] So stellt die Arbeit der NGO eine nicht zu ersetzende Ergänzung der staatlichen Entwicklungszusammenarbeit dar. Sie fungieren als innovative, visionäre und unabhängige Advokaten der Basisbevölkerung und sind somit ein unverzichtbares Instrument, um eingefahrene Regierungsprozesse zum Nachdenken und gegebenenfalls Umstrukturieren anzuregen.[133]

Weltweit wuchs die Anzahl der NGO zwischen 1993 und 2007 von 4830 auf 7628.[134] Dieser rasante Anstieg bildet auch die Grundlage für kritische Äußerungen. Denn durch die teilweise hohen staatlichen Fördermittel bilden sich zunehmend auch Organisationen am NGO-Markt, die trotz gemeinnützig formulierter Ziele auf eine persönliche Bereicherung abzielen.[135] Zudem werden die NGO-Engagements häufig nicht systematisch evaluiert und Qualitätskontrollen oft nur unzureichend vorgenommen.[136] Stattdessen genießen NGO eine Art moralische Immunität und sind somit oft in ihrem Handeln über jeden Zweifel erhaben. Die Folge ist ein Mangel an Koordination der Einzelprojekte und damit auch eine Vergeudung von Hilfsgeldern. Dies erscheint umso wichtiger, als NGO sich meist nur mit einem bestimmten Gebiet oder Thema befassen und das große Ganze nicht im Blick haben, wodurch nicht vorhergesehene negative Neben- oder Folgewirkungen auf andere Bereiche unbeachtet bleiben.[137] Experten fordern daher eine strengere Kontrolle.

Shikwati weist auf ein anderes Problem der NGO im Rahmen der Entwicklungszusammenarbeit hin. Die einheimische Bevölkerung könnte deren Engagement, z. B. die Errichtung einer Schule, als Einmischung in staatliche Angelegenheiten auffassen. Mittelfristig könnte sich bei dieser dann das Bild verfestigen, dass NGO eher und besser in der Lage seien, vorhandene Probleme zu lösen, als die gewählte Regierung. Die Folge wäre ein nicht wünschenswerter Verlust an Respekt gegenüber einheimischen Behörden und Ministerien sowie möglicherweise auch allgemein ein Misstrauen gegenüber demokratischen Staatsformen. Des Weiteren beobachtet der Autor, dass NGO bisweilen die Zustände und Lebensbedingungen

---

[132] Vgl.: ebd., S. 380
[133] Vgl.: Nuscheler, Franz: a. a. O., S. 388
[134] Vgl.: Bundeszentrale für politische Bildung: zuletzt geprüft am: 28.04.2013, o. S.
[135] Vgl.: Andersen, Uwe: Internationale Akteure der Entwicklungspolitik, a. a. O., S. 45
[136] Vgl.: Seitz, Volker: a. a. O., S. 168
[137] Vgl.: Kamps, Ortrud: Kamps, Ortrud: Die Rolle von NGOs in der Entwicklungspolitik. Am Beispiel der Desertifikationsbekämpfung in Kenia, Münster: Lit-Verlag, 2000, (Heidelberger Studien zur internationalen Politik 9), S. 222ff.

eines Nehmerlandes schlechter darstellen als sie es tatsächlich sind, um ihre Arbeit zu rechtfertigen und Spendengelder einzutreiben.[138]

1.6 Instrumente zur Zielerreichung

Allgemein betrachtet handelt es sich bei den Instrumenten der Entwicklungszusammenarbeit um Programme und Fonds, die für die Ausführung von bi- und multilateraler Zusammenarbeit Voraussetzung sind. Dabei ist zwischen einer finanziellen, technischen und personellen Kooperation zu unterscheiden.

Finanzielle Zusammenarbeit meint die Gewährung von Krediten oder Geldbeiträgen, wobei häufig die am wenigsten entwickelten Länder von einer Rückzahlung befreit werden. Die Mittel sind in der Regel zweckgebunden[139] und die Geberländer verfolgen mit ihrer Gewährung zumeist auch eigene Interessen, z. B. dass die für die Durchführung des Projektes notwendigen Maschinen oder Produkte im Geberland gekauft werden.[140]

Eine technische Zusammenarbeit erfolgt überwiegend in Form der Gewährung von Materialien für Unternehmen des Nehmerlandes, der Aus- oder Weiterbildung von einheimischen Fachkräften oder der Bereitstellung von Fachpersonal aus dem Geberland, das für ein konkretes Projekt benötigt wird.[141] Technische Zusammenarbeit zielt also darauf ab, Menschen und Organisationen der Entwicklungsländer ein autonomes Handeln zu ermöglichen, indem Sachmittel zur Verfügung gestellt oder einheimische Kräfte aus- bzw. fortgebildet werden.[142]

Die Entsendung von Fachkräften ebenso wie die Aus- und Fortbildung Einheimischer entweder im Geber- oder im Nehmerland meint personelle Zusammenarbeit. Teilweise wird sie dem Bereich der technischen Zusammenarbeit zugerechnet und erscheint nicht als eigenständiger Bereich. Ein wichtiges Programm der personellen Zusammenarbeit ist beispielsweise die Stipendienvergabe des Deutschen Akademischen Austauschdienstes (DAAD). Auch bei der personellen Zusammenarbeit ist das Prinzip der Hilfe zur Selbsthilfe stark ausgeprägt.[143]

---

[138] Vgl.: Bozic, Kristina: Africans See Poverty. Foreigners See Resources an Wealth. Interview mit James Shikwati, in: IREN Occasional Paper 1/2006, Online verfügbar unter: http://www.irenkenya.com/downloads/publications/IREN_Occasional_Paper_1.pdf, zuletzt geprüft am: 11.05.2013, S. 13f.
[139] Vgl.: Bundesministerium für wirtschaftliche Zusammenarbeit und Entwicklung (BMZ) (Hrsg.): Medienhandbuch Entwicklungspolitik 2000, a. a. O., S. 121f.
[140] Vgl.: Andersen, Uwe: Deutschlands Entwicklungspolitik im internationalen Vergleich, a. a. O., S. 63
[141] Vgl.: Bundesministerium für wirtschaftliche Zusammenarbeit und Entwicklung (BMZ) (Hrsg.): Medienhandbuch Entwicklungspolitik 2000, a. a. O., S. 126
[142] Vgl.: Nuscheler, Franz: a. a. O., S. 336
[143] Vgl.: Wieczorek-Zeul, Heidemarie: Bedeutung und Zukunft der Personellen Zusammenarbeit, in: E+Z - Entwicklung und Zusammenarbeit 7/8/1999, S. 200–202, Online verfügbar unter: http://www3.giz.de/E+Z/zeitschr/ez7899-3.htm, zuletzt geprüft am: 10.05.2013, hier S. 200ff.

Alle Instrumente müssen immer unter Beachtung der Prinzipien Transparenz, Subsidiarität und Partizipation eingesetzt werden. Die einheimische Bevölkerung ist als Experte ihres Lebensraums zu betrachten und soll daher immer konsultiert werden. Bleiben diese Prinzipien unberücksichtigt, drohen nicht wünschenswerte, negative Folgen, wie z. B. eine fehlende Passgenauigkeit der Zielfestlegungen. Das Gleiche gilt für die nachfolgend erläuterten konzeptuellen Ansätze, in denen teilweise mehrere der hier dargestellten Instrumente parallel zum Einsatz kommen.

2. KONZEPTE UND PROGRAMME

Es existiert eine Mehrzahl von entwicklungshilfebezogenen Konzepten und Programmen. Einige von ihnen sind auf der Mikro-, andere auf der Makroebene lokalisiert.

Vor allem zur Bekämpfung von Armut schlägt Yunus das Konzept der Mikrokredite vor, es wird in Kapitel 2.1 dargestellt und bewertet. Ebenso auf der Mikroebene ist das im darauffolgenden Abschnitt erläuterte Programm zur Förderung einheimischer Organisationen und Selbsthilfeinitiativen[144] anzusiedeln. Es soll die Hilfe zur Selbsthilfe fördern, indem vor Ort und gleichberechtigt benachteiligten Menschen in den Entwicklungsländern direkte Unterstützung gegeben wird. Dabei handelt es sich um eine Weiterentwicklung des von Hesse entwickelten Partnerschafts-Modells, das nun vom DED bzw. der GIZ umgesetzt wird.[145]

Des Weiteren werden im nachfolgenden Abschnitt Ansätze, die auf der Makroebene agieren, vorgestellt und kritisch reflektiert. Konkret sind es der Ansatz der Budgethilfe (Kapitel 2.3), das Afrikakonzept der Bundesregierung (Kapitel 2.4), Konzepte zur sozialen Entwicklung (Kapitel 2.5) und solche zur Bildungsförderung (Kapitel 2.6).

2.1 Mikrokredite

Als Mikrofinanzierung werden alle finanziellen Hilfen für die ärmste Bevölkerung eines Entwicklungslandes bezeichnet. Laut Schätzungen der Weltbank gibt es inzwischen mehr als 10 000 Unternehmen, die verschiedene Formen der Mikrofinanzierung ermöglichen.[146] Eine besondere Art der Mikrofinanzierung sind die unter anderem von Yunus konzipierten Mikrokredite. Sie sollen durch eine Umstrukturierung des Kreditsystems geschaffen werden, indem anstelle der Forderung nach einer finanziellen Absicherung für die Auszahlung eines Kredits, Leistungswillen und Zuverlässigkeit von den Kreditnehmern verlangt werden.[147] Von diesen Mikrokrediten haben alleine im Jahr 2006 113 Millionen Menschen weltweit profi-

---

[144] Hesse, Peter/Gruber, Petra C.: a. a. O., S. 37
[145] Vgl.: ebd., S. 34ff.
[146] Vgl.: Bundesministerium für wirtschaftliche Zusammenarbeit und Entwicklung (BMZ) (Hrsg.): Mit Mikrofinanzen aus der Armut. Der deutsche Beitrag zur Entwicklung nachhaltiger Finanzsysteme, Materialie 191, Bonn, 2008, Online verfügbar unter: http://www.bmz.de/de/publikationen/reihen/infobroschueren_flyer/infobroschueren/Materialie191.pdf, zuletzt geprüft am: 26.05.2013, S. 2
[147] Vgl.: Rademacher, Franz Josef/Schlüter, Andreas (Hrsg.): Die Zukunft unserer Welt. Navigieren in schwierigem Gelände, Essen: Edition Stifterverband Verwaltungsges. für Wissenschaftspflege, 2010, (Edition Stifterverband), S. 103

tiert.[148] Beispielsweise hat die wirtschaftlich benachteiligte Bevölkerung in Uganda im Rahmen der bilateralen Zusammenarbeit von 1998 bis 2011 insgesamt 25,8 Millionen Euro durch Mikrokredite erhalten[149] und sozial benachteiligte Frauen aus Malawi empfingen in den Jahren von 2000 bis 2009 in diesem Rahmen 0,6 Millionen Euro.[150]

Mikrokredite werden von Banken oder anderen Finanzinstitutionen in einer geringen Höhe von 30,- bis 250,- Euro auf Vertrauensbasis vergeben. Ein Kreditempfänger verpflichtet sich, diese Mittel in ein eigenes Unternehmen zu investieren, mit dem er sein Leben langfristig finanziell absichern kann. Die Mikrokredite werden zu 97 Prozent von Frauen in Anspruch genommen und die Rückzahlungsquote liegt bei 99 Prozent. Häufig verpflichten sich Empfängerinnen auch dazu, aktive Familienplanung zu betreiben und ihren Kindern eine gute Ausbildung zu ermöglichen.

Der Hauptvorteil dieser Art von Entwicklungszusammenarbeit besteht darin, dass keine Abhängigkeit erzeugt und stattdessen Eigeninitiative gefördert wird. Durch die direkte Kreditvergabe an die Bevölkerung ist zudem gesichert, dass die Finanzmittel weder durch Verwaltungskosten noch durch Korruptionsprozesse verringert oder gar aufgebraucht werden.[151] Andererseits gibt es auch kritische Äußerungen gegenüber dieser Form von Mikrofinanzierung. So stellt Duflo anhand der Ergebnisse einer Vergleichsstudie deren Wirksamkeit in Frage. Ihr zufolge seien die Kreditnehmenden weder gesünder oder gebildeter als andere, noch hätten sie bessere Chancen auf eine umfassende Gleichberechtigung.[152] Auch wenn nach diesen Ergebnissen sich die mit den Mikrokrediten verbundenen Erwartungen nicht erfüllt haben, bleibt doch festzuhalten, dass sie den Empfängern zumindest die Möglichkeit eröffnen, durch das frei und eigenverantwortlich einzusetzende Geld ein selbstbestimmtes Leben zu führen.

2.2 Programm zur Förderung einheimischer Organisationen und Selbsthilfe-Initiativen

Das Programm zur Förderung einheimischer Organisationen und Selbsthilfe-Initiativen ist eine im Rahmen der personellen Zusammenarbeit vom DED bzw. der GIZ viel genutzte Methode zur Aktivierung und Entwicklung von Selbsthilfekräf-

---

[148] Vgl.: von Welser, Maria: Warum die Milleniumsziele nicht erreicht wurden, 2011, Online verfügbar unter: http://www.mariavonwelser.de/de/vortraege/milleniumsziele.php, zuletzt geprüft am: 23.04.2013
[149] Vgl.: Bundesministerium für wirtschaftliche Zusammenarbeit und Entwicklung (BMZ) (Hrsg.): Mit Mikrofinanzen aus der Armut. Der deutsche Beitrag zur Entwicklung nachhaltiger Finanzsysteme, Materialie 191, a. a. O., S. 13
[150] Vgl.: ebd., S. 17
[151] Vgl.: Seitz, Volker: a. a. O., S. 178
[152] Vgl.: Kucklick, Christoph: Viel hilft viel. Oder nicht?, in: Geo. Die Welt mit anderen Augen sehen 5/2012, S. 98–112, hier S. 104

ten. Wie bereits festgestellt, handelt es sich um eine Weiterentwicklung des von Hesse in den 1980er Jahren entwickelten Partnerschafts-Helfer Modells.[153] Projekte wurden in der Vergangenheit mit großem Erfolg in Kenia, Togo und Simbabwe durchgeführt.[154]

Durch Beratung und/oder vergleichsweise niedrige Geldbeträge sollen lokale Projekte, die insbesondere die von extremer Armut bedrohten Menschen unterstützen, gefördert werden.[155] Das gesamte Konzept basiert auf dem Grundgedanken einer gleichberechtigten Partnerschaft und folgt konsequent dem Prinzip der Hilfe zur Selbsthilfe.[156] Nach Hesse geht es um eine gleichwertige Teilhabe, die auch eine unbedingte Ehrlichkeit verlangt und einen emotionalen Gleichklang zwischen den Partnern, im Sinne einer gegenseitigen positiven Beziehungsgestaltung. Die Arbeit der Helfenden ist ausschließlich durch eine humanitäre Motivation geprägt und sie folgt der Devise, dass Entwicklung nie von außen aufoktroyiert werden kann, sondern nur aus dem Inneren heraus entstehen.[157]

Das Modell sieht konkret vor, dass Bürgerinnen und Bürger aus den Gebernationen als ehrenamtliche Mitarbeitende oder als Fachkräfte in Partnerländer gesandt, oder wenn diese in öffentlichen Einrichtungen arbeiten, in bestimmten Fällen auch als Partnerschaftshelfer ernannt werden. In jedem Fall lassen sie sich in einem Nehmerland als Helfende nieder und sollen dort Menschen durch individuelle, finanzielle, vermittelnde oder beratende Hilfen unterstützen. Jeder Partnerschaftshelfer erhält ein eigenes Jahresbudget, über das er unter Berücksichtigung dieser Maxime frei und eigenverantwortlich verfügen kann.[158]

Diese direkte Hilfe an Bedürftige soll gewährleisten, dass jene den Zielgruppen auch unmittelbar und in vollem Umfang zu Gute kommt, was bei größeren Projekten häufig nicht Fall ist. Allerdings stößt das Partnerschafts-Helfer-Modell genau an diesem Punkt an seine Grenzen. Denn es kann lediglich Großprojekte der Entwicklungszusammenarbeit ergänzen. Des Weiteren setzt es voraus, dass die Partnerschaftshelfer, um effizient unterstützen zu können, über weitreichende Erfahrungen in dem jeweiligen Entwicklungsland verfügen und auf übergeordneter Ebene ein einvernehmlicher Politikdialog stattfindet.[159]

---

[153] Vgl.: Schneider, Rafael: Von der Partnerschafts-Hilfe zur Beratung einheimischer Organisationen, in: Global Marshall Plan Initiative/Hesse, Peter (Hrsg.): Solidarität die ankommt! Zieleffiziente Mittelverwendung in der Entwicklungszusammenarbeit, Hamburg: Eigenverlag, 2006, S. 251–273, hier S. 251f.
[154] Vgl.: Hesse, Peter: „Urform" des Partnerschafts-Helfer Modells, a. a. O., S. 534
[155] Vgl.: Schneider, Rafael: a. a. O., S. 251f.
[156] Vgl.: Hesse, Peter: „Urform" des Partnerschafts-Helfer Modells, a. a. O., S. 523ff.
[157] Vgl.: Hesse, Peter: Partnerschaft in der Entwicklungshilfe. Problematisch aber notwendig zum Wenden von Not!, 2007, Online verfügbar unter: http://www.solidarity.org/pdf/4-2-a.pdf, zuletzt geprüft am: 25.05.2013, S. 1f.
[158] Vgl.: Hesse, Peter: Partnerschaft in der Entwicklungshilfe. Problematisch aber notwendig zum Wenden von Not!, a. a. O., S. 3
[159] Vgl.: Hesse, Peter: „Urform" des Partnerschafts-Helfer Modells, a. a. O., S. 532f.

2.3 Budgethilfe

Budgethilfe meint die direkte Einzahlung von Leistungen durch die Gebernationen in das Budget der Nehmerländer. Letztere können über diese Finanzmittel frei, also zweckungebunden, verfügen. Durch die Mittelzuweisung sollen die Partnerländer die Möglichkeit erhalten, ihre eigenen Entwicklungsstrategien durch wirtschaftliche, politische und/oder institutionelle Reformen zu verfolgen. Trotz der Zweckungebundenheit unterliegen die Zuweisungen üblicherweise verschiedenen Förderkriterien und Durchführungsbedingungen, die ständig gemeinsam durch die Regierungen der Geber- und Nehmerländer kontrolliert und evaluiert werden.[160,161] In der Regel stehen dabei drei spezifische Zielkriterien im Vordergrund: Zum einen sind dies die Effektivität und Effizienz der Hilfe, welche durch den Fokus auf die Armutsbekämpfung unter Beachtung der Paris-Erklärung (vgl. Kapitel 3.2) die Wirksamkeit von Entwicklungszusammenarbeit erhöhen sollen. Zum zweiten sollen durch einen kontinuierlichen Politikdialog der Aufbau verlässlicher staatlicher Strukturen gefördert und damit unter anderem die Einhaltung von Menschenrechten und die Orientierung an einem Gendermainstreaming sichergestellt werden (Governance-Ziel). Schließlich sollen Programme in den Partnerländern unterstützt werden, um die Millenniumsziele zu erreichen (Finanzierungsziel).[162]

Neben dieser zweckungebundenen allgemeinen Budgethilfe wird Hilfe auch durch eine so genannte sektorale Budgethilfe geleistet. Bei dieser ist die Zuweisung der Mittel an bestimmte Sektoren innerhalb des Nehmerlandes gebunden. Dies können beispielsweise Reformen im Bildungs- oder Gesundheitsbereich sein.

Generell ist das Konzept der Budgethilfe vor allem in denjenigen Ländern erfolgreich, in denen schon eine Good Governance herrscht und das öffentliche Interesse an der Entwicklung des eigenen Landes groß ist.[163] Nach den Ergebnissen einer neueren Studie von Oxfam ist dieser Ansatz grundsätzlich als positiv zu bewerten. Budgethilfe hat demzufolge einen nennenswerten Einfluss auf die Entwicklung von Nehmerländern, vor allem durch die kontinuierliche Verbesserung der nationalen Regierungen und durch den Fokus auf die Reduzierung von Armut in der Bevölkerung.[164] Andererseits werden häufig die weichen, teilweise schwammigen Vergabekriterien der Budgethilfe bemängelt, wodurch der sinnvolle Einsatz der Mittel im Nehmerland in Frage gestellt sein kann. Einige Kritiker fordern einen Zwang zur exakten Evaluation der Mittelverwendung, mit transparenten und verlässlichen Erfolgsindikatoren, andere plädieren dafür, prinzipiell nur ‚vorbildlichen' Staaten Budgethilfe zu gewähren.[165,166]

---

[160] Vgl.: Hermle, Reinhard/Hauschild, Tobias: a. a. O., S. 12
[161] Vgl.: Schönhuth, Michael: Glossar Kultur und Entwicklung. Politikdialog, 2006, Online verfügbar unter: http://www.kulturglossar.de/html/p-begriffe.html, zuletzt geprüft am: 20.05.2013
[162] Vgl.: Hermle, Reinhard/Hauschild, Tobias: a. a. O., S. 23
[163] Vgl.: Andersen, Uwe: Deutschlands Entwicklungspolitik im internationalen Vergleich, a. a. O., S. 63
[164] Vgl.: Hermle, Reinhard/Hauschild, Tobias: a. a. O., S. 63
[165] Vgl.: Seitz, Volker: a. a. O., S. 56ff.

Deutschland nutzt das Konzept der Budgethilfe im Rahmen seiner Entwicklungszusammenarbeit weitläufig. So wurde in der bilateralen Zusammenarbeit im Jahr 2010 insgesamt 128,7 Millionen US-Dollar an Budgethilfe geleistet. An die Subsahara-afrikanischen Länder gingen im Zeitraum von 2003 bis 2010 106,5 Millionen Euro, davon erhielten beispielsweise Ghana und Mosambik 74,5 Millionen an allgemeiner Budgethilfe. Für die Länder von Subsahara-Afrika hat also diese Art der Entwicklungszusammenarbeit eine entscheidende Bedeutung. Allein im Jahr 2010 erhielt etwa Sambia insgesamt 285,9 Millionen US-Dollar durch multilaterale und bilaterale allgemeine Budgethilfe.[167]

2.4 Das Afrikakonzept der Bundesregierung

Die Bundesregierung entwickelte das Afrikakonzept in den 1990er Jahren mit der Intention, eine einheitliche Arbeitsgrundlage für die Leistungen der Entwicklungspolitik auf Augenhöhe in Form von Partnerschaften in ganz Afrika zu ermöglichen.[168] „Ziel ist es, der wachsenden Bedeutung Afrikas und seiner zunehmenden Eigenverantwortung Rechnung zu tragen und die Potentiale der Zusammenarbeit partnerschaftlich zu nutzen."[169] Dabei wurde ein besonderes Augenmerk auf die Diversität der Staaten sowie die heterogen verlaufenen Entwicklungen der letzten Jahre in den afrikanischen Staaten gelegt und damit der Entwicklungszusammenarbeit die Möglichkeit eingeräumt, in den unterschiedlichen Ländern verschiedene Schwerpunkte zu setzen.

Das Konzept beinhaltet sechs Bereiche:

1. Förderung von Frieden und Sicherheit,
2. Sicherung der Demokratie durch eine gute Regierungsführung und Rechtstaatlichkeit mit besonderem Fokus auf der Wahrung der Demokratie und der Sicherung von Menschenrechten,
3. Wirtschaftsförderung,
4. Schutz der Umwelt und des Klimas,

---

[166] Vgl.: Pringer, Winfried: Globalisierung und Armutsbekämpfung, in: Neudeck, Rupert/Pringer, Winfried (Hrsg.): Die Stärke der Armen, die Kraft der Würde. Entwicklungspolitik in der Globalisierung; ein Bericht an die Global Marshall Plan Initiative, Hamburg: Eigenverlag, 2007, S. 21–45, hier S.42
[167] Vgl.: ebd., S. 17f.
[168] Vgl.: Auswärtiges Amt (Hrsg.): Deutschland und Afrika. Konzept der Bundesregierung, 2011, Online verfügbar unter: http://www.auswaertiges-amt.de/cae/servlet/contentblob/581096/publicationFile/155311/110615-Afrika-Konzept-download.pdf, zuletzt geprüft am: 01.05.2013, S. 5
[169] Auswärtiges Amt: Das Afrika-Konzept der Bundesregierung. Neues Kapitel in der deutschafrikanischen Partnerschaft, 2011, Online verfügbar unter: http://www.auswaertiges-amt.de/DE/Aussenpolitik/RegionaleSchwerpunkte/Afrika/AktuelleArtikel/110615-Afrika-Konzept-node.html, zuletzt geprüft am: 01.05.2013, o. S.

5. Sicherung der Versorgung durch Energie und Rohstoffe,
6. Förderung neuer wissensbasierter und nachhaltiger Entwicklungen, schwerpunktmäßig in der Wirtschaft, Öffnung der Märkte und damit Einbeziehung Afrikas in den globalen Weltmarkt.[170]

Die (individuelle) Förderung der schwächsten Gesellschaftsmitglieder (Frauen, Kinder, Jugendliche und alte Menschen), also das klassische Ziel der Entwicklungszusammenarbeit, wird zwar ebenfalls angeführt aber in diesem Konzept nicht in vorrangiger Weise behandelt. Diese Personengruppen sollen vor allem durch förderliche Strukturen, also Bildungs- und Partizipationsmöglichkeiten, durch den Zugang zu Ressourcen und damit auf lange Sicht durch friedliche, gerechte und menschliche Rahmenbedingungen eigene Handlungs- und Wahlmöglichkeiten erhalten.[171]

Die Veröffentlichung dieses Konzeptes erfuhr in der Fachpresse eine positive Resonanz, da es als adäquates Instrument beurteilt wird, um die unterschiedlichen Zielsetzungen in der bundesdeutschen entwicklungspolitischen Arbeit auf einen Nenner zu bringen, und in der Folge die Arbeit der einzelnen Ministerien aufeinander abzustimmen. Positiv gewürdigt wurde auch die veränderte Wahrnehmung der afrikanischen Staaten. Afrika wird in diesem Konzept als ein Kontinent der Chancen betrachtet und damit weicht der bis dahin übliche defizitorientierte einer auf Ressourcen und Kompetenzen ausgerichteten Perspektive.[172]

Einwände betreffen vor allem die Konzeptumsetzung. So wird darauf hingewiesen, dass in der Arbeit vor Ort die Ziele zwar im Einzelnen verfolgt werden, ihre mögliche wechselseitige Abhängigkeit aber unbeachtet bleibt. Auch durchaus vorstellbare Zielkonflikte bleiben unthematisiert. So kann beispielsweise die in Ziel 5 angesprochene Sicherung der Versorgung durch Rohstoffe mit Menschenrechtsverletzungen (Ziel 2) oder Umweltverschmutzungen (Ziel 4) einhergehen. Vom Verband Entwicklungspolitik Nichtregierungsorganisationen e.V. kommt die Kritik, dass der Fokus zu stark auf Wirtschaftsförderung und auf einer Öffnung der Märkte liegt. Die Zielformulierungen würden an der Realität der Bevölkerung und der tatsächlich vorherrschenden Bedingungen vorbeigehen. So würde beispielsweise der Ausbau der Agrarwirtschaft viel zu wenig beachtet. Dadurch könnte gerade die arme Bevölkerung nicht in die Lage versetzt werden, sich aus dem Zustand des Hungers und der Armut zu befreien.[173]

---

[170] Vgl.: Auswärtiges Amt (Hrsg.): Deutschland und Afrika. Konzept der Bundesregierung, a. a. O., S. 6
[171] Vgl.: ebd., S. 6f.
[172] Vgl.: Verband Entwicklungspolitik deutscher Nichtregierungsorganisationen e.V.: Afrika-Konzept. An der Realität vorbei, 2011, Online verfügbar unter: http://venro.org/index.php?id=1047, zuletzt geprüft am: 01.05.2013, o. S.
[173] Vgl.: Verband Entwicklungspolitik deutscher Nichtregierungsorganisationen e.V. (VENRO) (Hrsg.): Das Afrika-Konzept der Bundesregierung. An der Realität vorbei, in: Stand.Punkt 1/2010, S. 1–2, Online verfügbar unter: http://www.venro.org/fileadmin/redaktion/dokumente/Dokumente-

2.5 Soziale Entwicklung

Bereits in der Antike war die Idee bekannt, eine Verbesserung der Lebensumstände durch soziale Veränderungsprozesse zu erreichen. In Europa wurde sie allerdings erst im 18. und 19. Jahrhundert wieder aufgegriffen, als man soziale Veränderungen durch politische Interventionen initiieren wollte. Nach dem zweiten Weltkrieg entwickelte sich in Deutschland dieser Gedanke zur Konzeption und wurde vor allem auch in der Entwicklungszusammenarbeit handlungsleitend. In den 1970er Jahren verlor er vorübergehend an Bedeutung und lebte dann in den 1990er Jahren wieder auf.

Das Konzept der sozialen Entwicklung basiert auf mehreren Grundprinzipien. Zu diesen gehört zunächst, dass es Hauptzweck der Entwicklungszusammenarbeit ist, den Lebensstandard der Menschen anzuheben und Armut sowie soziale Benachteiligung zu bekämpfen. Dies kann nach diesem Ansatz zum zweiten nur durch einen progressiven sozialen Wandel erreicht werden, der neben sozialen auch ökonomische Entwicklungen umfasst, und nicht durch alleinige Notfallhilfe. Denn diese belässt die Bedürftigen letztendlich in ihrem System und führt daher zu keiner grundsätzlichen Änderung. Hier wird also eine Verknüpfung von sozialen mit wirtschaftlichen Projekten im Sinne eines Social Investments gefordert. Des Weiteren misst das Konzept der Partizipation der Bevölkerung an Regierungsprozessen eine große Bedeutung zu. Damit diese erreicht wird, sollen vor allem Gemeinschaftsinstitutionen des Nehmerlandes gestärkt werden. Schließlich wird postuliert, die Reichweite der Programme so zu gestalten, dass die gesamte Bevölkerung und nicht nur benachteiligte Personengruppen angesprochen werden.[174]

Die Umsetzung des Ansatzes der sozialen Entwicklung geschieht in der Regel durch Sozialarbeitende, die vor Ort konkrete Projekte nach den beschriebenen Maßgaben durchführen. Alle Maßnahmen zielen auf die Anhebung der individuellen, gemeinschaftlichen und ökonomischen Unabhängigkeit der Bevölkerung.

In der Sozialarbeit des Nordens weitgehend unbekannt wird soziale Entwicklung auch in der des Südens nur wenig oder nur in Teilen angewandt. Diese hat ihren Hauptfokus bis dato, wie bereits beschrieben, in der Lösung von persönlichen oder familiären Problemen, die allenfalls im Rahmen einer Gemeinwesenarbeit angegangen werden. Im Vordergrund steht also die Mikroebene. Andererseits birgt das Konzept der sozialen Entwicklung auch einige Potentiale und sollte daher in der Praxis der Sozialen Arbeit (des Südens) mehr Aufmerksamkeit erhalten.[175]

Zur Verdeutlichung werden im Folgenden beispielhaft einige konkrete Kernprogramme des Ansatzes der sozialen Entwicklung erläutert.

2011/Juli_2011/Venro_Standpunkt-Afrika-Konzept.2011pdf.pdf, zuletzt geprüft am: 01.05.2013, hier S. 2

[174] Vgl.: Midgley, James: Soziale Entwicklung. Die Rolle der Sozialen Arbeit, in: Wagner, Leonie (Hrsg.): Internationale Perspektiven Sozialer Arbeit. Wiesbaden: VS Verlag für Sozialwissenschaften, 2009, S. 155–172, hier S. 160ff.

[175] Vgl.: ebd., S. 169

2.5.1 Investition in Humankapital

Investition in Humankapital meint die Förderung von Bildung und den Auf- bzw. Ausbau von Bildungsstrukturen in Entwicklungsländern. Diese Strategie war in der Vergangenheit nicht nur für einzelne Menschen, sondern für die jeweilige gesamte Gesellschaft erfolgreich. Vor allem in Ländern mit einem niedrigen Durchschnittseinkommen wurden große Fortschritte durch Investitionen in den Primarbereich erzielt. Um den Zugang zu Bildungsmöglichkeiten für Kinder aus armen Familien zu erleichtern, wurden und werden außerdem soziale Programme eingeführt, die eine Verbesserung der Ernährung und damit der Gesundheit mit sich bringen. Ein Manko besteht darin, dass die finanziellen Mittel meist nicht ausreichen, um den Programmteilnehmenden formale Bildungsabschlüsse zu ermöglichen, die ihnen auf lange Sicht einen beruflichen Einstieg in den Arbeitsmarkt sichern.[176]

Die Initiative Hilfswerk der Deutschen Lions e.V. hat in Namibia mehrere Bildungsprojekte initiiert. Das Land verfügt über eine nur schlecht ausgebaute Infrastruktur und große Teile der Bevölkerung leben in extremer Armut. Erst im Jahr 1990 wurde im Rahmen der nationalen Unabhängigkeit die Amtssprache Englisch eingeführt, die allerdings in den ländlichen Gegenden noch kaum gesprochen wird. Die Bildungssituation ist insgesamt mangelhaft, 2005 waren nur 74 Prozent aller Kinder eingeschult. Um diese Situation zu verbessern, hat die Initiative in den ländlich geprägten Regionen Schulen errichtet und stellt Geld für Lehrpersonal und Lernmittel zur Verfügung. Beispielsweise wurde in Huigub, einem Farmgelände im Nordosten des Landes, mit einem Etat von 800 000 Euro eine Schule mit sieben Klassen und dazugehörigen Wohnheimen errichtet, ca. 330 Schülerinnen und Schüler wurden dort im Jahr 2008 unterrichtet.[177]

Inzwischen wurde die Zielgruppe des Programmes auch auf Projekte ausgeweitet, die speziell Menschen mit Behinderung eine Chance auf Bildung und auf einen Berufsabschluss eröffnen wollen. Auch hier sind allerdings die finanziellen Möglichkeiten nicht ausreichend, um die Teilnehmenden vollständig aus dem Zustand der Abhängigkeit herauszulösen. Jene sind weiterhin in nicht unerheblichem Ausmaß auf staatliche Hilfen angewiesen.[178]

2.5.2 Individuelle Entwicklungskonten

Sherraden hat das Konzept individuelle Entwicklungskonten im Jahr 1991 ausgearbeitet.[179] Durch Anreize in Form staatlicher oder nicht-staatlicher Subventionen

---

[176] Vgl.: ebd., S. 163.f.
[177] Vgl.: Hilfswerk der Deutschen Lions e.V.: Bildungsprojekte in Namibia, 2013, Online verfügbar unter: http://www.justseven.de/projects/dfc/map/content/namibia/namibia.pdf, zuletzt geprüft am: 30.05.2013, S. 1f.
[178] Vgl.: Midgley, James: a. a. O., S. 163.f.
[179] Vgl.: ebd., S.167

sollen von Armut betroffene Menschen motiviert werden, Geld zu sparen. Jeder auf ein persönliches Konto eingezahlte Sparbetrag wird entweder durch staatliche oder durch private Programme aufgestockt. Das ersparte Vermögen kann dann für sozial anerkannte Zwecke ausgegeben werden. Anerkannte Zwecke sind zum Beispiel eine Wohnung oder die Kosten für eine (hoch-)schulische bzw. berufliche Ausbildung. Die Anerkennung, die mit dieser Art von Unterstützung verbunden ist, soll außerdem dazu führen, dass die Betroffenen mittelfristig auch eine andere Einstellung gegenüber regelmäßiger beruflicher Arbeit entwickeln. Sherraden betont, dass dieser Ansatz immer nur in Verbindung mit anderen Programmen eingesetzt werden soll.[180]

Individuelle Entwicklungskonten sind bislang noch wenig verbreitet, erfahren aber weitestgehend positive Resonanz. Letztendlich stellt sich allerdings auch hier wie bei dem Konzept der Mikrokredite die Frage nach der Nachhaltigkeit. Ändert sich die Lebenssituation und -einstellung tatsächlich allein durch die Möglichkeit, sich im besten Falle von einer finanziellen Notlage heraus zu befreien? Duflo stellt dies auf der Basis der Befunde einer Studie der Organisation Abdul Latif Jameel Poverty Action Lab (J-PAL) in Frage. Diese Untersuchung wurde in Sambia durchgeführt und die Ergebnisse besagen, dass Menschen durch soziale Anerkennung weit mehr motiviert werden als durch materielle Anreize wie z. B. Geld. Die Autorin plädiert daher dafür, dass derartige finanzielle Hilfen auf individueller Ebene durch Programme ergänzt werden, deren Ziel es ist, die soziale Anerkennung der Betroffenen zu fördern.[181]

2.6 Bildung als Patentrezept gegen Armut

Bildung ist ein universelles Menschenrecht und ein wichtiger Faktor zur Entwicklung des Menschen. Sie befähigt jene, ihre eigenen Kompetenzen zu erschließen und einzusetzen. Sie fördert die Fähigkeit zur Kommunikation und Reflexion und trägt daher zur Überwindung und Vermeidung von Armut bei.[182] Individuelles Wissen ermöglicht Fortschritt, auch wenn die Frage, welche Art von Wissen dafür relevant ist, noch nicht eindeutig beantwortet werden kann.[183]

Alle Akteure der Entwicklungszusammenarbeit sind sich darin einig, dass ein kausaler Zusammenhang zwischen Armut und einem geringen Bildungsniveau besteht. Insofern haben Kinder und Jugendliche, denen schulische Bildungsmöglichkeiten zuteil werden, auch gute Chancen auf dem Ausbildungs- und Arbeitsmarkt.

---

[180] Vgl.: ebd., S. 168
[181] Vgl.: Kucklick, Christoph: a. a. O., S. 112
[182] Vgl.: Kielburger, Craig: Junge Menschen, Globalisierung und die Bedeutung von Bildung, in: Global Marshall Plan Initiative (Hrsg.): Impulse für eine Welt in Balance. Zum Start eines globalen Netzwerks im Rahmen des Deutschen Evangelischen Kirchentags Mai 2005 in Hannover, Hamburg: Eigenverlag, 2005, S. 445–454, hier S. 447
[183] Vgl.: Borkert, Maren/Witjes, Nina: Unheilige Allianz. Die westliche Wissensgesellschaft als Entwicklungsparadigma, in: iz3w Jg. 335 2/2013, S. 26–27, hier S. 27

Aus diesem Grund ist das Thema Bildung und Bildungsförderung in den Ländern Subsahara-Afrikas auch eines der Schwerpunktthemen der deutschen Entwicklungsarbeit.[184]

Nach Krämer, dem Gründer der UNICEF Aktion Schulen für Afrika, ist „Bildung das wichtigste Kapital für die Zukunft der Welt – preiswert, erneuerbar und voller Energie."[185] Das BMZ stellt in seiner Roadmap bis 2013 fest: „Bildung ist ein machtvoller Hebel für jedes Entwicklungsziel. Gute Bildung ist aktive Armutsbekämpfung, denn sie trägt zur Verbesserung der sozialen, wirtschaftlichen und politischen Gegebenheiten eines Landes substantiell bei. Sie verbessert die Gesundheit von Müttern und Kindern, trägt zur Gleichberechtigung der Geschlechter bei und kann Ursachen von Konflikten beseitigen. Bildung ist eine Investition in zukunftsfähiges Wachstum."[186] Konkrete Beispiele untermauern diese These. So werden etwa in Tansania Auswirkungen einer erfolgreichen Bildung in der Familienplanung sichtbar. Es konnte nachgewiesen werden, dass dort Frauen mit einem Universitätsabschluss durchschnittlich zwei Kinder, weniger gebildete Frauen hingegen im Schnitt sechs Kinder haben.[187]

Die Bundesregierung pflegt zwei Betrachtungsweisen von Bildung im Kontext der Bekämpfung von Armut, die analytische und die politisch-strategische. Die erstgenannte Perspektive untersucht den Bildungsmangel als mögliche Ursache für Armut, die zweitgenannte entwickelt Strategien zur Reduzierung von Armut durch die Schaffung von Bildungsstrukturen. Die einschlägigen bilateralen staatlichen Mittel der Bundesregierung wurden zwischen 2009 und 2013 von 68,5 Millionen auf 137 Millionen Euro verdoppelt.[188]

Der starke Fokus auf Bildungsförderung seitens der bundesdeutschen Entwicklungszusammenarbeit und die Ansicht, dass diese ein Allheilmittel gegen Armut oder Benachteiligung sein soll, erfährt andererseits auch heftige Kritik. Die als eindeutig postulierte Interdependenz zwischen Armut und Bildung wird in Frage gestellt. Vor allem aber wird darauf hingewiesen, dass eine kausale Verknüpfung zu einer Individualisierung der Verantwortung und damit zu einer personenbezogenen

---

[184] Vgl.: Butterwegge, Christoph: Keine Wunderwaffe. Bildung im Kampf gegen Armut, in: iz3w Jg. 336 3/2013, S. 25–27, hier S. 25
[185] UNICEF: UNICEF zum G8-Gipfel in Deutschland: „Bildung ist das wichtigste Kapital". Regierungen müssen Millenniumsziele verwirklichen / Anzeigenserie zum Gipfel, Pressemeldung, 2007, Online verfügbar unter: http://www.unicef.de/presse/pm/2007/unicef-zum-g8-gipfel-in-deutschland-bildung-ist-das-wichtigste-kapital/, zuletzt geprüft am: 28.04.2013, o. S.
[186] Bundesministerium für wirtschaftliche Zusammenarbeit und Entwicklung (BMZ) (Hrsg.): Entwicklungspolitisches Konzept plus. Bildung -BMZ Roadmap bis 2013-, Bonn, 2012, Online verfügbar unter: http://www.bmz.de/de/publikationen/reihen/sonderpublikationen/Entwicklungspolitisches_Konzept_plus.pdf, zuletzt geprüft am: 28.04.2013, o. S.
[187] Vgl.: von Kittlitz, Alard: Überbevölkerung. Viele Kinder, viele Sorgen, in: Frankfurter Allgemeine Zeitung Nr. 42 vom 11. Oktober 2010, Online verfügbar unter: http://www.faz.net/aktuell/feuilleton/ueberbevoelkerung-viele-kinder-viele-sorgen-11057194.html, zuletzt geprüft am: 19.05.2013, o. S.
[188] Vgl.: ebd.

Schuldzuweisung führen kann.[189] Demnach wären nicht mehr die Regierung eines Landes und die (öffentlichen) Bildungsstrukturen für die Armut oder den Reichtum der Bevölkerung verantwortlich, sondern die Bürgerinnen und Bürger selbst. Weiter würden die Ursachen von Armut im Falle eines adäquaten Bildungsniveaus einseitig auf der Verhaltensebene Einzelner gesucht.[190]

Diese kritischen Stimmen verkennen dabei nicht die Tatsache, dass Kinder aus benachteiligten Familien statistisch signifikant häufiger auch niedrigere Schulabschlüsse haben und damit weniger Chancen auf dem Arbeitsmarkt. Sie wenden sich aber vehement gegen den Umkehrschluss, wonach jeder gebildete Mensch zwangsläufig wohlhabend und jeder bildungsferne von Armut betroffen sein soll. Sie weisen darauf hin, dass z. B. materiell wohlsituierte Familien nicht unbedingt an Vermögen verlieren müssen, wenn ihre Kinder einen schlechten oder keinen Schulabschluss erreichen.[191,192] Selbstverständlich erkennen sie an, dass ein Mangel an Bildung das Armutsrisiko erhöht, fordern aber einen Armutsbegriff, der über die rein materielle Ebene hinausgeht. Armut ist demnach durch eine Vielzahl von Faktoren bestimmt und kann zusammengefasst werden als ein Mangel an Chancen, sich selbst zu verwirklichen und damit ein Mangel an der gesellschaftlichen Teilhabe.[193] Zumindest in diesem Punkt besteht Übereinstimmung mit der Bundesregierung.

Die Förderung von Bildungsmöglichkeiten vermag somit durchaus soziale Diskriminierung reduzieren und die Möglichkeiten von Partizipation erhöhen, aber sie kann nicht das materielle Ungleichgewicht in der Bevölkerung lösen. Um tatsächlich Hilfe zu leisten, muss nicht nur der Bildungssektor quantitativ und qualitativ ausgebaut, sondern auch die soziale Infrastruktur und die Zugangsmöglichkeiten auf den freien Arbeitsmarkt verbessert werden.[194] „... Pädagogik allein kann weder eine gerechte Steuerpolitik noch eine die Armut bekämpfende Sozialpolitik ersetzen".[195]

Umsetzung der Bildungsförderung

Bildungsförderung im Primarbereich ist in den Millenniumszielen als zweites Ziel niedergeschrieben. In Übereinstimmung damit wurden während der zurückliegenden Jahre Schulbeiträge in Subsahara-Afrika abgeschafft und mehrheitlich eine (Grund-) Schulpflicht eingeführt. Die Folge bestand in einem Anstieg der Kinder, welche die Grundschule besuchen, von 58 auf 76 Prozent während der Jahre 1999 bis 2010.[196]

---

[189] Vgl.: Butterwegge, Christoph: a. a. O., S. 26
[190] Vgl.: Martina Backes: Bildung als Baldrian, in: iz3w Jg. 336 3/2013, S. 26–27, hier S. 26
[191] Vgl.: Nuscheler, Franz: a. a. O., S. 92f.
[192] Vgl.: Gore, Albert: Angriff auf die Vernunft, München: Goldmann, 2009, S. 334
[193] Vgl.: Nuscheler, Franz: a. a. O., S. 92f.
[194] Vgl.: Butterwegge, Christoph: a. a. O., S. 25ff.
[195] Butterwegge, Christoph: a. a. O., S. 27
[196] Vgl.: Vereinte Nationen: Millenniums-Entwicklungsziele. Bericht 2012 New York: 2012, S. 17

Dass diese durchaus wünschenswerte quantitative Steigerung des Schulbesuchs auch negative Nebenwirkungen haben kann und Bildungsförderung daher, wie oben ausgeführt, immer einer differenzierten Perspektive folgen muss, zeigen beispielsweise die zurückliegenden Erfahrungen in Kenia. Dort herrschen in den Schulen große Missstände, nachdem das Schulgeld für öffentliche Schulen weggefallen war. Von einem Tag auf den anderen mussten 1,7 Millionen Schülerinnen und Schüler zusätzlich untergebracht und unterrichtet werden. Gegenwärtig befinden sich in einer Klasse häufig zwischen 70 und 100 Kinder. Es mangelt an (qualifiziertem) Personal, an Räumen, Unterrichtsmaterial und an Förderprogrammen für Kinder mit einer Behinderung. Viele Familien geraten in eine Schuldenspirale, da sie Schuluniformen, Lernmittel wie Bücher, Hefte und Stifte oder das übliche Schulessen für ihre Kinder nicht bezahlen können, ohne einen Kredit aufzunehmen. Oft müssen auch ältere Kinder nach ihrem Schulabschluss die schulische Bildung ihrer jüngeren Geschwister mitfinanzieren. Infolge dieser Entwicklungen liegt die Zahl derer, welche die achtjährige Grundschule abbrechen, bei 27 Prozent und nur wenige Familien haben nach Abschluss der Primarstufe ihrer Kinder die Möglichkeit, diesen eine weitergehende Ausbildung in der Sekundarstufe zu eröffnen, zumal das Zertifikat nach der bestandenen Abschlussprüfung von den Betroffenen käuflich erworben werden muss. Andere sehen keine Notwendigkeit für eine weitere Beschulung.

Zusammen genommen hat sich also die Situation in Kenia trotz eines zahlenmäßigen Anstiegs der Primarschülerinnen und –schüler infolge der Einführung einer kostenfreien Grundschule wenig verändert. Zwar konnte das Bildungsniveau insgesamt erhöht werden, inzwischen besucht jede Kenianerin und jeder Kenianer im Durchschnitt elf Jahre lang die Schule, aber die Möglichkeiten, den eigenen Lebensunterhalt nach dem Schulabschluss zu bestreiten, haben sich nicht verbessert. Die Arbeitslosenzahl stieg in Kenia zwischen 2006 und 2011 von 12 auf 40 Prozent an.

Des Weiteren ist zu beobachten, dass die Kluft zwischen arm und reich immer größer wird, da Kinder aus Mittel- und Oberschichtfamilien von ihren Eltern auf kostenpflichtige private Bildungseinrichtungen geschickt werden, die aufgrund kleinerer Klassen und dem besser ausgebildeten Lehrpersonal einen qualitativ höherwertigen Abschluss vermitteln und sich damit deutlich größere Chancen für sie auf dem freien Arbeitsmarkt eröffnen.

Auch im Hinblick auf die Gleichberechtigung, dem dritten Millenniumsziel, wirkt sich im Beispiel Kenia eine unbedachte Bildungsförderung kontraproduktiv aus.[197] Gleichberechtigung impliziert die Gleichstellung der Geschlechter insbesondere durch eine Förderung der Frauen. Da in Kenia die finanziellen Mittel der Familien oft nicht ausreichen, um allen ihren Kindern eine Schulbildung zu ermöglichen, werden häufig nur die Jungen in die Sekundarstufe geschickt. Im gesamten

---

[197] Vgl.: Martina Backes: a. a. O., S. 26

Subsahara-Afrika kamen im Jahr 2010 auf 100 in die Sekundarstufe eingeschulte Jungen nur 82 Mädchen.[198]

Es wird deutlich, dass Bildungsförderung, hier im Sinne einer kostenlosen Grundschulbildung, nicht automatisch und auch nicht für alle Menschen soziale Aufstiegsmöglichkeiten birgt und deshalb Armut innerhalb eines Landes reduzieren kann.[199] „Bildung alleine garantiert […] keine soziale Sicherheit und auch keine Entwicklung."[200]

---

[198] Vgl.: Vereinte Nationen: Millenniums-Entwicklungsziele. Bericht 2012 New York: 2012, S. 21
[199] Vgl.: Martina Backes: a. a. O., S. 27
[200] ebd.

3. EFFEKTIVITÄT UND EFFIZIENZ

Lange Zeit wurde die Frage nach der Wirksamkeit der Entwicklungszusammenarbeit nicht gestellt. Vielmehr war entscheidend, was und von wie vielen Nationen im Vergleich zu deren Wirtschaftskraft in dieses Feld investiert wird. Bis heute werden Länder, die 0,7 Prozent oder mehr ihres Bruttoinlandsprodukts in entsprechende Angebote fließen lassen als ‚vorbildliche' Geberländer bezeichnet. Dabei ist der festgelegte Input von 0,7 Prozent willkürlich gewählt.

Während der letzten Jahre ist aber die gegebene oder fehlende Wirksamkeit von Projekten infolge einer erhöhten Aufmerksamkeit der Gesellschaft und Fachöffentlichkeit stärker in den Blickpunkt geraten. Dort engagierte Organisationen stehen unter einem größeren Rechtfertigungsdruck im Hinblick auf die inhaltliche Gestaltung ihrer Aktivitäten und sind aufgerufen, über die Effektivität und Effizienz der verwendeten und zum Teil öffentlichen Gelder Rechenschaft abzulegen. Sie müssten aber auch selbst ein Interesse an kontinuierlich stattfindenden Wirksamkeitsstudien haben, da sie in der Regel bei der Durchführung ihrer Projekte nicht vor Ort sind und daher eventuell auftretende Probleme oder unerwartete negative Folgen der Tätigkeit ihrer Mitarbeiterinnen und Mitarbeiter im Nehmerland nicht unmittelbar bemerken.

Neben dem zielgerechten Einsatz der Mittel, der Verhinderung von unerwünschten Begleiterscheinungen und einer übergeordneten Koordination der Projekte sind gerade innerhalb des inzwischen fast nicht mehr durchschaubaren Dickichts der multilateralen Entwicklungszusammenarbeit weitere Gründe für die Notwendigkeit von Wirkungsanalysen der entwicklungspolitischen Maßnahmen und Strategien auszumachen. Deutscher fasst diese wie folgt zusammen: Die Reduzierung von Projekten und Akteuren und das undurchschaubare System der Verwaltung, den Ärger der Öffentlichkeit über das Ausmaß finanzieller Hilfen an Länder, die Menschenrechte verletzen, von korrupten Regierungen geführt werden und wenig Eigeninteresse am Fortschritt zeigen, und die starke Dominanz der Länder der OECD, die es an Demokratie fehlen lassen.[201]

Die Betrachtung der verfügbaren Befunde zur Effektivität und Effizienz offenbart allerdings erhebliche Differenzen zwischen dem Urteil der Akteure der Entwicklungszusammenarbeit und dem von deren Kritiker. So kommen Berichte der Bundesregierung und anderer bi- oder multinationaler öffentlicher Organisationen ebenso wie Wirksamkeitsstudien der NGO zu einer eher optimistischen Einschätzung, die von Seiten der Kritiker in keiner Weise geteilt, sondern in verschiedenerlei Hinsicht vehement in Frage gestellt werden. Einige unter diesen gehen in ihrer Kritik so weit, dass sie fordern, die Entwicklungszusammenarbeit, so wie sie der-

---

[201] Vgl.: Faust, Jörg: Entwicklungspolitik. Wirkungsevaluierung in der Entwicklungszusammenarbeit, in: Aus Politik und Zeitgeschichte 10/2010, S. 41–46, hier S.41ff.

zeit praktiziert wird, ganz abzuschaffen. Beispielsweise stellen Shikwati ebenso wie Bauer fest, dass entwicklungshilfepolitische Maßnahmen zwar von guten Absichten geleitet sein mögen, aber allenfalls begrenzt wirksam und häufig von negativen Folgen begleitet sind.[202] In vielen Fällen würden sie mehr schaden als nutzen und häufig sogar Demokratisierungsprozesse blockieren. Andere verweisen darauf, dass die Länder Subsahara-Afrikas infolge oder wegen der Entwicklungszusammenarbeit gar nicht erst eine Eigenständigkeit erlangen könnten, da jene Abhängigkeiten auf allen Ebenen eines Nehmerlandes von der Gebernation erzeuge. Dies sei insbesondere dann der Fall, wenn die Hilfen nicht bedarfs- oder nachfragegerecht seien, und stattdessen Projekte implementiert würden, die zwar eine Gebernation für sinnvoll erachte, aber das Nehmerland weder bei der Planung noch Durchführung berücksichtige.[203]

Diese offensichtliche Diskrepanz der Bewertungen mag viele Ursachen haben. Eine große Bedeutung hat sicherlich die jeweilige Perspektive, die bei der Analyse von bestehenden Missständen eingenommen wird.[204] Sie führt zu unterschiedlichen Schlüssen und Interpretationen auch im Hinblick auf die Projektziele und Maßnahmewirkungen. Des Weiteren sind es methodische Probleme, die eine übereinstimmende Aussage über die Effektivität und Effizienz erschweren.[205] Sie fangen schon bei der Festlegung valider Erfolgskriterien an und betreffen auch das jeweils gewählte Untersuchungsdesign eines Evaluationsvorhabens. Und schließlich ist auch das bisweilen induktive Vorgehen seitens der Kritiker bei der Bewertung von Projekten oder Strategien der Entwicklungszusammenarbeit anzuführen. Diese berufen sich häufig auf eigene Erfahrungen oder Beobachtungen, haben ihren Blick also auf die Menschen, die an Hunger leiden oder in Armut leben, und leiten aus ihren nicht immer repräsentativen Eindrücken ein Gesamturteil für alle Maßnahmen ab.

3.1 Methodische Zugänge und Probleme von Wirksamkeitsstudien

Ob ein Projekt der Entwicklungszusammenarbeit als wirksam eingestuft wird oder nicht, hängt von den zuvor festgelegten Kriterien ab, die dann einen etwaigen Er-

---

[202] Vgl.: Nuscheler, Franz/Institut für Entwicklung und Frieden (INEF)/Universität Duisburg-Essen (Hrsg.): Die umstrittene Wirksamkeit der Entwicklungszusammenarbeit. INEF-Report 93/2008, Duisburg, 2008, Online verfügbar unter: http://inef.uni-due.de/page/documents/Report93.pdf, zuletzt geprüft am: 20.05.2013, S. 6ff.
[203] Vgl.: Gebre-Wold, Kiflemariam: Afrika: Wann ist Hilfe eine Hilfe? Der Spendenfluch, in: Blätter für internationale und deutsche Politik 1/2004, S. 58–64, hier S. 58f.
[204] Vgl.: Nuscheler, Franz/Institut für Entwicklung und Frieden (INEF)/Universität Duisburg-Essen (Hrsg.): a. a. O., S. 10
[205] Vgl.: Stockmann, Reinhard: Herausforderungen und Grenzen. Ansätze und Perspektiven der Evaluation in der Entwicklungszusammenarbeit, in: Zeitschrift für Evaluation 1/2002, S. 137–150, Online verfügbar unter: http://www.zfev.de/fruehereAusgabe/ausgabe2002-1/download/stockmann.pdf, zuletzt geprüft am: 20.05.2013, hier S. 138

folg ausweisen oder nicht. Das komplexe Gefüge von Einflussfaktoren auf die Entwicklung eines Landes und auf den Lebensstandard einer Bevölkerung erschwert die Definition von allgemein als sinnvoll erachteten, validen und exakten Erfolgsindikatoren erheblich. Mögliche unerwünschte Nebenwirkungen oder Veränderungen infolge der Projekte sind nicht vorhersehbar, können aber einmal zuvor festgelegte Wirksamkeitskriterien in Frage stellen. Hinzukommt, dass die Wahl von Erfolgsindikatoren auch durch die jeweils zugrunde gelegte Perspektive beeinflusst wird. Schließlich erfordern exakte Wirkungsindikatoren genaue Projektzielformulierungen, was häufig nicht der Fall ist. Beispielsweise ist das Ziel der Bekämpfung von Armut (z. B. im Programm der Budgetfinanzierung, vgl. Kap. 2.3) zu allgemein und zu weitreichend, um davon fundierte Erfolgskriterien abzuleiten.

Ganz allgemein erscheinen Maßnahmen in der Entwicklungszusammenarbeit dann wirksam, wenn sie zu "Verbesserungen der Lebensbedingungen und Veränderungen der sozioökonomischen und politischen Strukturen in ihren Zielregionen" [206] beitragen. Da dieses Postulat nicht nur sehr allgemein, sondern auch relativ ist, hat man sich bei vielen Wirkungsanalysen und Evaluationen auf eine reine Input-Output-Betrachtung mit einem fast ausschließlich ökonomischen Blickwinkel konzentriert, und tut dies häufig bis heute noch. Beispielsweise werden die für den Straßenbau bereit gestellten Mittel mit den im Nehmerland neu gebauten Straßen, gemessen in Kilometern, verglichen. Oder man untersucht, inwieweit ein Projektplan innerhalb der Förderlaufzeit erreicht wurde, also man vergleicht das geplante Soll mit dem erreichten Ist.[207] Tatsächlich sagen derartige Analysen wenig über die Projektwirkungen aus, da die gewählten Output-Kriterien eindimensional angelegt sind, eher formalen Charakter besitzen und daher dem Anspruch einer soliden Evaluation in keiner Weise genügen.

Nach wie vor dominiert auch in der aktuellen Forschung eine ökonomische Perspektive. Die Wirksamkeit eines Projekts oder einer Strategie wird durch das Wirtschaftswachstum im Nehmerland gemessen. Dieses wird anhand mehrerer Parameter operationalisiert. Nur in einigen Fällen wird auch eine soziale oder kulturelle Perspektive mit entsprechend konkretisierten Erfolgsindikatoren berücksichtigt.

Trotz ständiger Betonung seitens der Geberorganisationen über eine hohe Relevanz von Nachhaltigkeit tritt dieses wichtige Erfolgskriterium in den einschlägigen Evaluationsstudien häufig gar nicht in Erscheinung. Ein möglicher Grund liegt darin, dass Geberorganisationen die für die Maßnahmen zur Verfügung gestellten Steuern und Spenden nur für die Projektarbeit ausgeben möchten, um das gesamte verfügbare Finanzvolumen den Entwicklungsländern und deren Bevölkerung unmittelbar zu Gute kommen zu lassen. Eine Evaluation der Nachhaltigkeit würde jedoch Längsschnittuntersuchungen voraussetzen, die, um aussagekräftig zu sein, auch nach Abschluss des Projekts noch einige Zeit andauern müssten.

---

[206] Vgl.: Nuscheler, Franz/Institut für Entwicklung und Frieden (INEF)/Universität Duisburg-Essen (Hrsg.): a. a. O., S. 10
[207] Vgl.: Stockmann, Reinhard: a. a. O., S. 139

Einige Institutionen umgehen die beschriebenen methodischen Probleme, indem sie auf die Definition und Operationalisierung konkreter Erfolgsindikatoren verzichten. So beispielsweise das BMZ, das nach seinem ́Entwicklungspolitischen Konzept plus ́ Entwicklungszusammenarbeit dann als effektiv sieht, wenn dieses „Menschen mobilisiert, [...] gesellschaftliche Potenziale, Eigeninitiative und Innovationskraft in unterschiedlichen Ländern und Kulturen freisetzt und dadurch das Leben der Menschen in [...] Partnerländern nachhaltig verbessert".[208]

Zusätzlich zu den geschilderten Indikatoren- und Kriterienproblemen stellt sich in der wirkungsorientierten Evaluierung von Entwicklungszusammenarbeit die Schwierigkeit, ein geeignetes Untersuchungsdesign zu finden. „... es ist methodisch immer sehr schwer, Einflüsse auf komplexe Systeme zu messen [... und...] erschwerend kommt hinzu, dass die Datenlage von entwicklungspolitischen Interventionen oft sehr dünn ist."[209] So kann auch die Mehrheit der gewählten methodischen Vorgehensweisen nicht zufriedenstellen. Häufig favorisierte Erhebungsverfahren seitens der Geberländer sind Aktenanalysen oder Interviews mit ausgewählten Projektbeteiligten. Nur in seltenen Fällen werden die Zielgruppen selbst befragt. Strukturierte und standardisierte Instrumente, die Voraussetzung für die Gewinnung von repräsentativen Ergebnissen sind, finden sich kaum oder werden der Öffentlichkeit nicht zugänglich gemacht.[210] Auch bleibt vielfach undiskutiert, inwieweit die erhaltenen Befunde einer regionalen Projektevaluation auch Geltung für das gesamte Land, für andere Einsatzgebiete oder andere Bereiche der Entwicklungszusammenarbeit haben.

Natürlich verbieten sich aus ethischen Gründen Experimente, welche zu den klassischen Verfahren der Wirkungskontrolle zählen. Andererseits wären in manchen Fällen „...die Verwendung theoretischer Konzepte und Hypothesen, mehrerer Datenerhebungsverfahren (Multimethodenansatz), die Bildung von Kontroll- oder Vergleichsgruppen und der Einsatz einer vergleichenden Analysekonzeption"[211] durchaus überlegenswert und wegen ihrer Aussagekraft auch geeignete Strategien.

Eine Ausnahme bildet Duflo, die in den vergangenen Jahren begonnen hat, Zufallsstudien im großen Rahmen durchzuführen. Mittels dieser Studien wird nicht nur versucht, einzelne Maßnahmen und Programme zu bewerten, sondern Zusammenhänge herauszufinden, menschliches Verhalten zu erklären und im Ergebnis durch eine effizientere Mittelverwendung Gelder für Maßnahmen der Entwicklungszusammenarbeit einzusparen. Obwohl das von ihr gewählte Vorgehen in Form von Vergleichsstudien mit zufällig ausgewählten Probanden aus ethischen

---

[208] Bundesministerium für wirtschaftliche Zusammenarbeit und Entwicklung (BMZ) (Hrsg.): Entwicklungspolitisches Konzept plus. Wirksamkeit steigern -BMZ Roadmap bis 2013-, a. a. O., o. S.
[209] Keijzer, Niels/Corre, Gwénaëlle: Wirkung messen. Rom wurde nicht an einem Tag erbaut. Übersicht über aktuelle Evaluationsdebatte, in: E+Z - Entwicklung und Zusammenarbeit 1/2009, Online verfügbar unter: http://www.dandc.eu/de/article/uebersicht-ueber-aktuelle-evaluationsdebatte, zuletzt geprüft am: 11.05.2013, o. S.
[210] Vgl.: Nuscheler, Franz/Institut für Entwicklung und Frieden (INEF)/Universität Duisburg-Essen (Hrsg.): a. a. O., S. 10
[211] ebd., S. 143

Gründen diskutabel ist, wird ihre Arbeit doch weitestgehend in der Fachöffentlichkeit positiv beurteilt. Der Kritik, ethische Grundsätze zu verletzen, hält sie entgegen: „Wer ein Entwicklungsprojekt ohne vorherigen Test durchführt, hat keine Ahnung, ob und wie es wirkt – und das soll kein Experiment sein?"[212]

Trotz dieser angeführten methodischen Schwierigkeiten und Mängel nehmen in der Summe die Evaluationsbemühungen zumindest im öffentlichen Sektor zu. Die Weltbank und nationale Entwicklungsbehörden haben inzwischen mehrheitlich eigene Evaluationsabteilungen eingerichtet. Auch wenn es wünschenswert wäre, dass diese zusätzlich zu ihren eigenen Bemühungen Aufträge für Wirkungsanalysen an externe und damit unabhängige Einrichtungen vergeben würden, beginnen sie damit doch, mit mehrdimensionalen Untersuchungsansätzen der komplexen Thematik zu begegnen. Dennoch bleibt auch bei diesen Bemühungen ganz allgemein die Frage unbeantwortet, ob dann auch der Wille bei den Projektverantwortlichen vorhanden ist, konkrete Konsequenzen aus den erhaltenen Evaluationsbefunden zu ziehen.[213]

3.2 Die Paris-Erklärung und ihre Folgekonferenzen

Um die angeführten offenen Fragen, Probleme und Missstände zu beseitigen, wurde im Jahr 2005 die nach ihrem Tagungsort benannte Paris-Konferenz einberufen. Hier trafen sich die verantwortlichen Minister der OECD-, LDC- und NIC-Länder und verabschiedeten in der Schlusserklärung fünf Prinzipen, die sowohl als Richtlinien als auch als Voraussetzungen für eine effiziente und effektive Zusammenarbeit betrachtet werden können.[214] Es sind dies: „Eigenverantwortung, Harmonisierung, Partnerausrichtung, Ergebnisorientierung sowie gegenseitige Rechenschaftspflicht."[215] Dies impliziert, dass

- die Nehmerländer die Führung der entwicklungspolitischen Strategien im eigenen Land in Eigenregie übernehmen, um so die Hilfen effizienter zu gestalten,[216]
- die Hilfeleistungen besser koordiniert und aufeinander abgestimmt sowie an die Bedingungen, Bedürfnisse und Wünsche des Nehmerlandes angepasst werden,[217]

---

[212] Vgl.: Kucklick, Christoph: a. a. O., S. 112
[213] Vgl.: Nuscheler, Franz/Institut für Entwicklung und Frieden (INEF)/Universität Duisburg-Essen (Hrsg.): a. a. O., S. 10
[214] Vgl.: Deutscher, Eckhard: a. a. O., S. 419ff.
[215] Deutsche Gesellschaft für Internationale Zusammenarbeit (GIZ): Beratung zur Umsetzung der Erklärung von Paris, 2012, Online verfügbar unter: http://www.giz.de/themen/de/36637.htm, zuletzt geprüft am: 25.05.2013, o. S.
[216] Vgl.: High Level Forum/OECD (Hrsg.): Erklärung von Paris über die Wirksamkeit der Entwicklungszusammenarbeit, Paris, 2010, Online verfügbar unter: http://www.oecd.org/development/effectiveness/35023537.pdf, zuletzt geprüft am: 18.05.2013, S. 5f.

- alle Maßnahmen fortan überprüfbar gestaltet und die Art und Weise der Durchführung von Maßnahmen und die Verwaltung der Entwicklungszusammenarbeit reformiert[218] und öffentlich kontrolliert werden,
- vor allem innerhalb der multilateralen Entwicklungszusammenarbeit Geber- und Empfängerländer sich untereinander Rechenschaft ablegen.[219]

Diese Tagung wurde durch Folgekonferenzen in Accra (2008) und Busan (2011) mit dem Ziel fortgesetzt, die in Paris verabschiedeten Punkte nochmals zu überprüfen und gegebenenfalls zu erweitern. Es wurden Problemfelder der Entwicklungszusammenarbeit festgelegt und Instrumente gefunden bzw. bestehende verbessert, um effektiv arbeiten zu können. Auch die Finanzierungsstrategien wurden dahingehend angesprochen, als fortan Hilfsgelder langfristiger angelegt und (Kosten-) Planungen transparenter gemacht werden sollten.

Die Vertreter der teilnehmenden Konferenznationen einigten sich auch darauf, die finanziellen Hilfeleistungen grundsätzlich an die Verwaltungsstrukturen der Nehmerländer anzupassen. Bis dato war die einheimische Administration mit dieser Aufgabe häufig überfordert. So musste beispielsweise die ugandische Verwaltung in den Jahren 2004 bis 2007 648 Programme von insgesamt 40 Gebernationen oder –Organisationen koordinieren.[220] Oder Mosambik hatte im Jahr 2003 562 Einzelprojekte, unter denen sich 381 Maßnahmen der Europäischen Union befanden, und für die insgesamt ein Budget von 424 Millionen Dollar zur Verfügung stand, aufeinander abzustimmen.[221] Im Gegenzug verpflichteten sich die Nehmerländer, die Mittelverwendung transparent zu dokumentieren und systematisch zu evaluieren.

Weiter wurde beschlossen, die Arbeit der Parlamente der Gebernationen sowie das Engagement der NGO als solches stärker in den Fokus zu rücken, damit die Grundvoraussetzung einer effektiven und umfänglichen Armutsbekämpfung, nämlich die Demokratisierung im weitesten Sinne und damit auch die Beteiligung der Nehmer-Bevölkerung, eingelöst wird. Und schließlich einigte man sich darauf, Doppelleistungen zu vermeiden, indem sich jedes Geberland auf spezifische Bereiche in spezifischen Ländern und Sektoren konzentriert.[222]

---

[217] Vgl.: ebd., S. 8f.
[218] Vgl.: Deutscher, Eckhard: a. a. O., S. 419ff.
[219] Vgl.: High Level Forum/OECD (Hrsg.): a. a. O., S. 11f.
[220] Vgl.: Deutscher, Eckhard: a. a. O., S. 419ff.
[221] Vgl.: Wijkman, Anders: Umdenken in der Entwicklungszusammenarbeit, in: Global Marshall Plan Initiative (Hrsg.): Welt in Balance. Zukunftschance ökosoziale Marktwirtschaft, mit Redebeiträgen gehalten am 15. Oktober 2004 im Haus der Industrie in Wien. Hamburg: Eigenverlag, 2004, S. 83–93, hier S. 85
[222] Vgl.: Nunnenkamp, Peter/Öhler, Hannes/Thiele, Rainer: Die Geber kommen bei der Harmonisierung nicht voran, in: E+Z - Entwicklung und Zusammenarbeit 4/2012, S. 168, Online verfügbar unter: http://www.dandc.eu/de/article/die-geber-kommen-bei-der-harmonisierung-nicht-voran, zuletzt geprüft am: 11.05.2013, hier S. 168

Zieht man mehrere Jahre nach der letzten Folgekonferenz und knapp 10 Jahre nach der Paris-Erklärung Resümee, fällt dieses sehr ernüchternd aus. An dem System der Entwicklungszusammenarbeit als solches hat sich wenig verändert. Die Anzahl der Hilfsorganisation ist nicht merkbar reduziert worden[223] und von einer besseren Koordinierung und Vermeidung von Doppelleistungen kann nach den Befunden einer von Nunnenkamp, Öhler und Thiele im Jahr 2011 durchgeführten Studie ebenfalls nicht gesprochen werden. Diese hatten mehrere Teilnehmerländer der Paris-Konferenz daraufhin untersucht, inwieweit sie ihre Leistungen mehr spezialisieren, d. h. sich auf eine Region oder einen Unterstützungsbereich konzentrieren, und wie hoch der Überschneidungsgrad der bestehenden Leistungen ist. Ihre Ergebnisse offenbaren, dass die nationale Schwerpunktsetzung in der Zeit nach der Paris-Erklärung sogar abgenommen hat und die Doppelleistungen angestiegen sind. Die Gründe hierfür liegen aus Sicht der Autoren in den noch immer vorhandenen Eigeninteressen und der zu großen Anzahl der Akteure.[224]

Nach Deutscher ist in der Zukunft per se mehr als die Koordination von Mitteln und Maßnahmen seitens der Geberländer notwendig, um wirksame Entwicklungszusammenarbeit zu praktizieren. Krisen und lokale Konflikte können seiner Ansicht nach nur dann vermieden werden, wenn die Globalisierung vorangetrieben wird, die internationalen Strategien mehr Kohärenz aufweisen und noch stärker aufeinander abgestimmt sind. Nur unter diesen Bedingungen kann die Vision, Frieden zu sichern, die Umwelt zu schützen und globale Finanzmärkte zu stärken, Realität werden.[225] „Weltweit gibt es ca. 24 international agierende Entwicklungsbanken, 280 bilaterale Entwicklungsagenturen sowie 242 multilaterale Institutionen, das komplexe System der Entwicklungskooperation der Europäischen Union und weitere 40 entwicklungspolitische UN-Agenturen."[226]

Damit Entwicklungszusammenarbeit langfristig erfolgreich ist, müssen also die Akteure in ihrer Anzahl drastisch reduziert werden und deren Eigeninteressen in den Hintergrund treten. Nach wie vor stellen entwicklungspolitische Engagements ein Instrument dar, um nationale Belange seitens der Geberländer zu befriedigen. So unterstützen beispielsweise Nationen wie die Schweiz oder die USA vor allem dann Nehmerländer, wenn diese bei UN-Abstimmungen die gleiche Position beziehen. Ein solches von Eigennutz geprägtes Verhalten wird auch den unabhängigen Institutionen der Entwicklungszusammenarbeit vorgeworfen.[227]

Die übergeordnete Zielrichtung der Ansätze ebenso wie die konkrete Intention einzelner Projekte folgen nicht einer umfassenden Konzeption, sondern sie wider-

---

[223] Vgl.: Ellisen, Tillmann: Entwicklungszusammenarbeit. Ohne Wirkung, in: E+Z - Entwicklung und Zusammenarbeit 2/2008, Online verfügbar unter: http://www.dandc.eu/de/article/entwicklungszusammenarbeit-ohne-wirkung, zuletzt geprüft am: 11.05.2013, o. S.
[224] Vgl.: Nunnenkamp, Peter/Öhler, Hannes/Thiele, Rainer: a. a. O., S. 168
[225] Vgl.: Deutscher, Eckhard: a. a. O., S. 420f.
[226] Deutscher, Eckhard: a. a. O., S. 421
[227] Vgl.: von Bothmer, Elonore: Wirkung der EZ. Risikoinvestitionen, in: E+Z - Entwicklung und Zusammenarbeit 7/2008, Online verfügbar unter: http://www.dandc.eu/de/article/warum-entwicklungshilfe-auf-risikoinvestitionen-hinausläuft, zuletzt geprüft am: 11.05.2013, o. S.

sprechen sich teilweise sogar. Das internationale System der Entwicklungszusammenarbeit muss sich zu einem gemeinsamen Markt entwickeln und das momentan unkoordinierte, gegenläufige und oftmals bestimmte Länder bevorzugende System ablösen.[228]

Andererseits soll an dieser Stelle nicht geleugnet werden, dass aus vergangenen Fehlern gelernt wurde. So wurden in der jüngeren Vergangenheit vermehrt Frauen in die Entwicklungszusammenarbeit gefördert, und ökologische Aspekte, die auf die Entwicklung der Nehmernationen direkt oder indirekt einwirken, finden immer größere Berücksichtigung. Auch die Überzeugung, dass eine Entwicklung der Nehmerländer nur von außen initiiert werden kann, verliert mehr und mehr an Zustimmung.[229] Und schließlich leistet der Großteil der involvierten Organisationen auf der operativen Ebene eine gute Arbeit.

3.3 Forderungen von Expertenseite

Um wirksame Entwicklungszusammenarbeit leisten zu können, muss, abgesehen von einer besseren Leistungsabstimmung seitens der Akteure und einer Reform der Strategien und Instrumente, zunächst einmal und vor allem eine Änderung der Einstellung seitens der Geber- (und Nehmerländer) sowie der Zivilbevölkerung erfolgen.

Zwar ist inzwischen der Terminus Entwicklungshilfe in Fachkreisen durch den Begriff der Entwicklungszusammenarbeit ersetzt worden, allerdings ohne den Blickwinkel, die inhaltliche Konzeption und die Formen der Projekte grundsätzlich zu ändern. Nach wie vor sehen gerade die Geberländer ihr Handeln durch rein humanitäre Gründe veranlasst, was einer Sichtweise Vorschub leistet, dass hier die Mächtigen den Schwachen einen ‚Gefallen' erweisen, indem diese von jenen ‚entwickelt' werden. Stattdessen setzt aber eine effektive und effiziente Zusammenarbeit die Einstellung voraus, dass jeder Mensch ein Grundrecht darauf hat, sein Leben nach eigenen Vorstellungen und Idealen frei zu gestalten. Und das Handeln von multi- und bilateralen Organisationen ebenso wie das von Bürgerinnen und Bürgern einer Gesellschaft muss noch viel stärker von der Überzeugung geleitet werden, dass die Welt auf Dauer, so wie wir sie kennen, nicht existieren kann, wenn ein Drittel ihrer Bevölkerung auf Kosten der anderen zwei Drittel lebt.[230]

Des Weiteren muss der inflationäre Gebrauch des Terminus Armut hinterfragt und noch viel stärker in Zusammenhang der Armutsursachen und -umstände eruiert werden.

---

[228] Vgl.: Deutscher, Eckhard: a. a. O., S. 420f.
[229] Vgl.: Holz, Uwe: Nachhaltigkeit in der Entwicklungszusammenarbeit, in: Fahrenhorst, Brigitte/ Dankwortt, Dieter (Hrsg.): Grenzenlos. Kommunikation Kooperation Entwicklung, Berlin: Gesellschaft f. internationale Entwicklung Berlin, 2000, S. 54–60 (SID-Berlin-Berichte), hier S. 5
[230] Vgl.: Bliss, Frank: Zum Beispiel Entwicklungshilfe. 1. Aufl., Göttingen: Lamuv, 2001, S. 14f.

Schließlich müssen die Projektkonzeptionen und die konkreten Maßnahmen noch sehr viel mehr lebensweltorientiert ausgerichtet werden, sich also nach den konkreten Bedürfnissen, Interessen und auch Wünschen der nativen Bevölkerung richten. Dabei ist auch der rechtliche, wirtschaftliche, soziale sowie kulturelle Kontext eines Landes zu berücksichtigen und ein Höchstmaß an Partizipation und damit auch an Mitverantwortung der Betroffenen anzustreben.[231] In diese Richtung geht beispielsweise ein konkreter Vorschlag von Gebre-Wold, der dafür plädiert, dass die Länder Subsahara-Afrikas Maßnahmen selbst planen, durchführen und (vor-) finanzieren. Nach erfolgreichem Abschluss sollen diese dann die verwendeten Mittel von den Geberländern wieder einfordern können. Dies würde die Chance erhöhen, dass unnötige oder von Nehmerseite aus betrachtet ungewollte Projekte nicht mehr durchgeführt und nur die tatsächlich verwendeten oder benötigten Mittel ausgegeben würden. Gleichzeitig würde die größere Eigenverantwortung seitens der Nehmerländer wahrscheinlich auch deren Bemühungen erhöhen.[232]

In diesem Zusammenhang sind auch die Forderungen von Seitz überlegenswert, die sowohl strategische als auch organisatorische und inhaltliche Ebenen einer Entwicklungszusammenarbeit betreffen. Demnach sind alle entwicklungspolitischen Maßnahmen in die Außenpolitik eines Landes einzugliedern. Die Auflösung eines eigenständigen Ministeriums und die gleichzeitige Übernahme von dessen Aufgaben durch das Auswärtige Amt könnten unklare Zuständigkeiten, übermäßigen bürokratischen Aufwand und damit eine Vergeudung von Steuergeldern vermeiden helfen.[233]

Des Weiteren sollte sich nach Ansicht des Autors die Entwicklungszusammenarbeit noch gezielter und ausschließlicher um eine aktive Unterstützung der heimischen Landwirtschaft bemühen. Dies hat für den afrikanischen Kontinent insofern besondere Relevanz, als dort ca. 80 Prozent der Bevölkerung ihren Arbeitsplatz in der Landwirtschaft haben und als durch jene ca. 50 Prozent des Volkseinkommens erwirtschaftet werden. Anstelle von Nahrungsmittellieferungen, die letztendlich Abhängigkeit fördern, sollte das Augenmerk auf dem Kapazitätsaufbau, der Förderung der heimischen Infrastruktur und auf der Entwicklung ländlicher Regionen liegen. In diesem Zusammenhang verurteilt der Autor auch die Subventionen der Landwirtschaft in den Geberländern, da durch sie die Konkurrenzfähigkeit der Bauern in den Nehmerländern durch ein künstlich niedriges Niveau der Weltmarktpreise stark gemindert wird.[234]

In der Frauenförderung sollte nach Seitz ein noch stärkerer Fokus liegen. Damit meint er einen gerechteren Zugang zu Bildungs- und Arbeitschancen, da „…Armutsbekämpfung nur über Geschlechtergerechtigkeit gelingen kann."[235] Überhaupt sollte der Ausbau des heimischen Bildungssystems und hier explizit

---

[231] Vgl.: ebd., S. 14f.
[232] Vgl.: Gebre-Wold, Kiflemariam: a. a. O., S. 58ff.
[233] Vgl.: Seitz, Volker: a. a. O., S. 173
[234] ebd., S. 179
[235] ebd., S. 182

auch der der Hochschulen, unter anderem durch zukunftsorientierte Partnerschaftsabkommen zwischen Bildungseinrichtungen, noch mehr fokussiert werden, um dem in manchen Ländern Subsahara-Afrikas fortgeschrittenen ‚Brain Drain' entgegenzuwirken.

Generell setzen (auch) diese Forderungen voraus, dass die reichen Nationen ein wirkliches Interesse am Fortkommen des afrikanischen Kontinents haben, das nicht nur eine Offenheit gegenüber, sondern auch eine Wertschätzung der dort vorherrschenden kulturellen Besonderheiten und Lebensweisen enthält.

4. ZUSAMMENFASSUNG

Die Entwicklungszusammenarbeit mit Subsahara-Afrika führt in ihrer derzeitigen Gestalt nicht zu den erhofften Erfolgen, das haben die vorausgegangenen Ausführungen in vielerlei Hinsicht verdeutlicht. Trotz immenser Geldströme, die während der vergangenen Jahrzehnte an die betreffenden Länder geflossen sind, hat sich von wenigen Ausnahmen abgesehen (z. B. Ruanda) weder die Zahl der hungernden, in Armut lebenden oder an lebensbedrohlich erkrankten Menschen relevant vermindert, noch hat sich die Wirtschaftskraft der betroffenen Nationen signifikant erhöht oder die lokale Infrastruktur deutlich verbessert. Allein von Deutschland aus flossen im Jahr 2010 über 2,7 Millionen Euro als bi- und multilaterale Hilfe in die Region.[236] Dazu kommen noch 300 Millionen Euro an Eigenmittel der in der Entwicklungszusammenarbeit engagierten NGO,[237] und insgesamt erhielt Subsahara-Afrika im Jahr 2010 über 480 Milliarden US-Dollar im Rahmen der internationalen Entwicklungszusammenarbeit.[238]

Dabei sind Konzepte und Vorschläge, die als Grundlage für eine veränderte und erfolgversprechende Strategie in Frage kommen, vorhanden. Und auch die internationalen Übereinkünfte im Rahmen der Paris-Konferenz einschließlich ihrer Folgekonferenzen könnten ein vielversprechender Weg sein, eine wirkungsorientierte Vorgehensweise zu realisieren, würden jene von den Teilnehmerstaaten konsequent umgesetzt.

Stattdessen überwiegt nach wie vor ein unzureichend koordiniertes und in seiner Gesamtheit nicht mehr überschaubares Nebeneinander von nationalen und internationalen Projekten, die im Hinblick auf ihre Wirksamkeit allenfalls ansatzweise überprüft werden. Es hat sich mittlerweile eine Entwicklungshilfe-Industrie herausgebildet, deren Handeln auch dadurch geleitet ist, sich selbst unentbehrlich zu machen, um weiterhin (Förder-)Mittel für ihre Aktivitäten zu erhalten.

---

[236] Vgl.: Bundesministerium für wirtschaftliche Zusammenarbeit und Entwicklung (BMZ): Bi- und multilaterale Netto-ODA nach Ländern 2007-2011, 30.04.2013, Online verfügbar unter: http://www.bmz.de/de/ministerium/zahlen_fakten/Bi-_und_multilaterale_Netto-ODA_nach_Laendern_2007-2011.pdf, zuletzt geprüft am: 02.06.2013, o. S.

[237] Vgl.: Bundesministerium für wirtschaftliche Zusammenarbeit und Entwicklung (BMZ): Leistungen von Nichtregierungsorganisationen aus Eigenmitteln an Entwicklungsländer 2007-2011, 27.03.2013, Online verfügbar unter: http://www.bmz.de/de/ministerium/zahlen_fakten /Leistungen_ von_NROs_aus_Eigenmitteln _an_Entwicklungslaender_2007-2011.pdf, zuletzt geprüft am: 02.06.2013, o. S.

[238] Vgl.: Klingebiel, Stephan/Deutsches Institut für Entwicklungspolitik (Hrsg.): Entwicklungszusammenarbeit eine Einführung. Studies Deutsches Institut für Entwicklungspolitik, Bonn, 2013, Online verfügbar unter: http://www.die-gdi.de/CMS-Homepage/openwebcms3.nsf/ (ynDK_contentByKey)/ANES-95BBRV/$FILE/Studies%2073.pdf, zuletzt geprüft am: 02.06.2013, o. S.

Notwendig sind aber internationale aufeinander abgestimmte Ansätze, die im Hinblick auf ihre Qualität, Effektivität und Effizienz von unabhängigen Einrichtungen evaluiert werden. Dazu gehört auch, dass Entwicklungszusammenarbeit an klare Bedingungen geknüpft wird, die von den Regierungen der Nehmerländer überprüfbar eingehalten werden. Die Befunde der Evaluationsstudien müssten dann auch in einem einfachen Format der Öffentlichkeit transparent gemacht werden, damit Wirkungsfaktoren des Engagements isoliert und unerwünschte Folgen beseitigt werden könnten, und es müsste auch der Wille seitens der Geberländer vorhanden sein, diese Ergebnisse konsequent in verändertes Handeln umzusetzen.

Um Nachhaltigkeit der Maßnahmen zu erreichen, sind außerdem noch mehr Ansätze erforderlich, die auf einheimisches Personal setzen. Die regionalen Besonderheiten, kulturelle Hintergründe und die Bedürfnisse der Menschen müssen in der Entwicklungszusammenarbeit noch viel stärker in den Mittelpunkt treten.

Vor allem aber ist eine veränderte Einstellung der Geberländer zwingend erforderlich. Natürlich sind historische, moralische und humanitäre Motive für die Entwicklungszusammenarbeit von großer Bedeutung, sie dürfen aber nicht zu einem wertenden, zwischen Geber- und Nehmerländer hierarchisch geprägten, Verhältnis führen, da dies mit großer Wahrscheinlichkeit zu Abhängigkeiten führt und Missstände in den Nehmerländern auf Dauer noch vergrößert. Entwicklungszusammenarbeit ist immer auch als ein Bereich zu betrachten, in den es sich nicht zuletzt aus eigenen Sicherheitsinteressen lohnt zu investieren, denn der Lebensstandard und die –zufriedenheit der Menschen in den Entwicklungsländern berührt jene im Zeitalter der Globalisierung in erheblichem Ausmaß.

Der Position einiger Kritiker, die Entwicklungszusammenarbeit mit Subsahara-Afrika wegen der beschriebenen Defizite als Ganzes abzuschaffen, kann hier nicht zugestimmt werden. Nach ihrer nun über 60-jährigen Geschichte ist sie zu einer nicht mehr wegzudenkenden Notwendigkeit geworden. Gerade unter Berücksichtigung des inzwischen fortgeschrittenen Prozesses der Globalisierung kann sie einen wichtigen Beitrag für einen weltweiten Frieden leisten.

In dieser Arbeit wurde auch die Frage thematisiert, inwieweit sich Soziale Arbeit gewinnbringend in die Entwicklungszusammenarbeit einbringen kann. An mehreren Stellen wurde deutlich, dass vielfältige Berührungsflächen auf mehreren Ebenen bestehen, die allerdings noch weitgehend ungenutzt sind.

Die Makroebene der Entwicklungszusammenarbeit bezieht sich auf übergreifende Ziele wie der Sicherung des Weltfriedens, der Versorgung mit Rohstoffen, dem Güteraustausch und einer nationalen Good Governance. Diese werden durch die bi- und multilaterale Zusammenarbeit und einem intensiven Politikdialog angestrebt. Auf dieser Ebene kann Soziale Arbeit den politischen Systemen soziale Problemlagen und die Einhaltung der sich selbst gesetzten und unter anderem durch Thiersch in seiner Theorie zur Lebensweltorientierung formulierten Struktur-

und Handlungsmaximen sowie deren interdependente Wirkungen bewusst machen.[239]

Auf der Mikroebene, also der unmittelbaren Realisierung von Zielformulierungen durch konkrete Projekte vor Ort, wurde in den vorausgegangenen Ausführungen an vielen Stellen eine weitgehende Übereinstimmung zwischen der Entwicklungszusammenarbeit und der Sozialen Arbeit festgestellt. Diese betrifft nicht nur die methodischen Vorgehensweisen, sondern auch grundlegende Prinzipien wie z. B. das der Hilfe zur Selbsthilfe.

Umso erstaunlicher ist die derzeitige Praxis, dass beide Bereiche weitgehend unverknüpft nebeneinander koexistieren. Dies ist vor allem bedauerlich, als die inzwischen weit fortgeschrittene Professionalisierung der Sozialen Arbeit in der konkreten Entwicklungszusammenarbeit auch zur Abschaffung einiger der dargestellten Missstände beitragen könnte. Natürlich kann die so benannte Sozialarbeit des Nordens mit ihrem westlich geprägten Werte- und Normensystem nicht einfach auf die Entwicklungsländer Subsahara-Afrikas übertragen werden. Aber sie kann einen wichtigen Beitrag zur Weiterentwicklung der Sozialarbeit des Südens, welche die besonderen Bedingungen der Entwicklungsländer berücksichtigt, leisten.

Eine gelingende Entwicklungszusammenarbeit muss nicht neu erfunden werden, auch dies soll abschließend als Fazit betont werden. Fundierte Leitbilder, Konzepte und Methoden liegen vor. Es fehlt an der Entschlossenheit, Konsequenzen aus dem verfügbaren Wissen und den zurückliegenden Erfahrungen zu ziehen. So geht es nicht darum, das Rad neu zu erfinden, sondern es als Fortbewegungsmittel zu nutzen.

„Gib einem Hungernden einen Fisch, und er wird einmal satt. Lehre ihn fischen, und er wird nie wieder hungern."[240]

---

[239]Vgl.: Thiersch, Hans/Grunwald, Klaus/Köngeter, Stefan
[240] Chinesische Weisheiten, Online verfügbar unter: http://www.chinesische-weisheiten.com/gib-einem-hungernden-einen-fisch-und-er-wird-einmal-satt-lehre-ihn-fischen-und-er-wird-nie-wieder-hungern/ zuletzt geprüft am: 30.05.2013, o. S.

5. QUELLEN

5.1 Literatur

Ameln, Falko: Organisationsentwicklung in der Entwicklungszusammenarbeit, in: Gruppendynamik und Organisationsberatung, Jg. 37 3/2006, S. 85–100

Andersen, Uwe: Deutschlands Entwicklungspolitik im internationalen Vergleich, in: Informationen zur politischen Bildung, Jg. 286 1/2005, S. 54–65

Andersen, Uwe: Entwicklungsdefizite und mögliche Ursachen, in: Informationen zur politischen Bildung Jg. 286 1/2005, S. 7–18

Andersen, Uwe: Entwicklungspolitik seit den neunziger Jahren, in: Informationen zur politischen Bildung, Jg. 286 1/2005, S. 46–48

Andersen, Uwe: Internationale Akteure der Entwicklungspolitik. Internationale Nichtregierungsorganisationen, in: Informationen zur politischen Bildung, Jg. 286 1/2005, S. 37–45

Bethge, Jan Per/Steurer, Nora/Tscherner, Marcus: Nachhaltigkeit. Begriff und Bedeutung in der Entwicklungszusammenarbeit, in: König, Julian/Thema, Johannes (Hrsg.): Nachhaltigkeit in der Entwicklungszusammenarbeit. Theoretische Konzepte strukturelle Herausforderungen und praktische Umsetzung, Wiesbaden: VS Verlag für Sozialwissenschaften, 2011, S. 15–40

Bliss, Frank: Zum Beispiel Entwicklungshilfe, Göttingen: Lamuv, 2001

Boccolari, Christina: Nachhaltige Entwicklung. Eine Einführung in Begrifflichkeit und Operationalisierung, Mainz: Inst. für Politikwiss., Abt. Politische Auslandsstudien und Entwicklungspolitik, 2002, (Dokumente und Materialien / Johannes-Gutenberg-Universität Mainz, Institut für Politikwissenschaft, Abteilung Politische Auslandsstudien und Entwicklungspolitik 32)

Borkert, Maren/Witjes, Nina: Unheilige Allianz. Die westliche Wissensgesellschaft als Entwicklungsparadigma, in: iz3w, Jg. 335 2/2013, S. 26–27

Bundesministerium für wirtschaftliche Zusammenarbeit und Entwicklung (BMZ) (Hrsg.): Medienhandbuch Entwicklungspolitik 2000, Bonn: BMZ Referat Presse- und Öffentlichkeitsarbeit, 2000

Butterwegge, Christoph: Keine Wunderwaffe. Bildung im Kampf gegen Armut, in: iz3w, Jg. 336 3/2013, S. 25–27

Büttner, Wilfried: Entwicklungsländer. 2009. Aufl., Freising: Stark, 2010, (Abitur-Wissen Erdkunde)

Caspari, Alexandra: Evaluationen im Kontext der Entwicklungszusammenarbeit, in: Caspari, Alexandra (Hrsg.): Evaluation der Nachhaltigkeit von Entwicklungszusammenarbeit. Zur Notwendigkeit angemessener Konzepte und Methoden, Wiesbaden: VS Verlag für Sozialwissenschaften, 2004, S. 11–43 (Sozialwissenschaftliche Evaluationsforschung).

Deutscher, Eckhard: Überwindung der Entwicklungspolitik? Ein Paradigma zwischen Bestandssicherung und neuen Aufgaben, in: Zeitschrift für Außen- und Sicherheitspolitik, Jg. 2 4/2009, S. 415–425

Diakonisches Werk der EKD e.V. für die Aktion "Brot für die Welt" (Hrsg.): Jahresbericht 2011, Stuttgart, 2012

Eigelsreiter-Jashari, Gertrude: Entwicklungspolitik und Soziale Arbeit, in: Hojnik, Sylvia/Posch, Klaus/Riegler, Anna (Hrsg.): Soziale Arbeit zwischen Profession und Wissenschaft. Vermittlungsmöglichkeiten in der Fachhochschulausbildung, Wiesbaden: VS Verlag für Sozialwissenschaften, 2009, S. 275–292

Faust, Jörg: Entwicklungspolitik. Wirkungsevaluierung in der Entwicklungszusammenarbeit, in: Aus Politik und Zeitgeschichte, 10/2010, S. 41–46

Galuske, Michael: Methoden der Sozialen Arbeit. Eine Einführung, 9. Aufl., Weinheim, München: Juventa, 2011, (Grundlagentexte Sozialpädagogik, Sozialarbeit)

Gebre-Wold, Kiflemariam: Afrika: Wann ist Hilfe eine Hilfe? Der Spendenfluch, in: Blätter für internationale und deutsche Politik, 1/2004, S. 58–64

Gore, Albert: Angriff auf die Vernunft, München: Goldmann, 2009

Gruber, Petra C.: Über Lernprozesse und Rahmenbedingungen in der Entwicklungspolitik, in: Global Marshall Plan Initiative/Hesse, Peter (Hrsg.): Solidarität die ankommt! Ziel-effiziente Mittelverwendung in der Entwicklungszusammenarbeit, Hamburg: Eigenverlag, 2006, S. 45–86

Hesse, Peter/Gruber, Petra C.: Basistext zur ziel-effizienten Mittelverwendung, in: Global Marshall Plan Initiative/Hesse, Peter (Hrsg.): Solidarität die ankommt! Ziel-effiziente Mittelverwendung in der Entwicklungszusammenarbeit, Hamburg: Eigenverlag, 2006, S. 27–43

Hesse, Peter: "Urform" des Partnerschafts-Helfer Modells, in: Global Marshall Plan Initiative/Hesse, Peter (Hrsg.): Solidarität die ankommt! Ziel-effiziente Mittelverwendung in der Entwicklungszusammenarbeit, Hamburg: Eigenverlag, 2006, S. 515–535

Holz, Uwe: Nachhaltigkeit in der Entwicklungszusammenarbeit, in: Fahrenhorst, Brigitte/Dankwort, Dieter (Hrsg.): Grenzenlos. Kommunikation Kooperation Entwicklung, Berlin: Gesellschaft f. internationale Entwicklung Berlin, 2000, S. 54–60 (SID-Berlin-Berichte)

Kamps, Ortrud: Die Rolle von NGOs in der Entwicklungspolitik. Am Beispiel der Desertifikationsbekämpfung in Kenia, Münster: Lit-Verlag, 2000, (Heidelberger Studien zur internationalen Politik 9)

Karas, Fritz/Hinte, Wolfgang: Grundprogramm Gemeinwesenarbeit. Praxis des sozialen Lernens in offenen pädagogischen Feldern, Wuppertal: Jugenddienst-Verlag, 1978

Kevenhörster, Paul/van Boom, Dirk: Entwicklungspolitik, Wiesbaden: VS Verlag für Sozialwissenschaften, 2009, (Elemente der Politik)

Kielburger, Craig: Junge Menschen, Globalisierung und die Bedeutung von Bildung, in: Global Marshall Plan Initiative (Hrsg.): Impulse für eine Welt in Balance. Zum Start eines globalen Netzwerks im Rahmen des Deutschen

Evangelischen Kirchentags Mai 2005 in Hannover, Hamburg: Eigenverlag, 2005, S. 445–454
Kucklick, Christoph: Viel hilft viel. Oder nicht?, in: Geo. Die Welt mit anderen Augen sehen, 5/2012, S. 98–112
Leonie Wagner: Soziale NGOs und die EU. Zivilgesellschaftliche Akteure und der Zivile Dialog, in: Wagner, Leonie (Hrsg.): Internationale Perspektiven Sozialer Arbeit. Wiesbaden: VS Verlag für Sozialwissenschaften, 2009, S. 227–242
Maas, Claudia: Soziale Sicherung in Subsahara-Afrika. GRIN Verlag, 2009
Mair, Stefan/Werenfels, Isabelle: Deutsche Afrikapolitik, in: Informationen zur politischen Bildung, Jg. 303 2/2009, S. 65–69
Martina Backes: Bildung als Baldrian, in: iz3w, Jg. 336 3/2013, S. 26–27
Midgley, James: Soziale Entwicklung. Die Rolle der Sozialen Arbeit, in: Wagner, Leonie (Hrsg.): Internationale Perspektiven Sozialer Arbeit. Wiesbaden: VS Verlag für Sozialwissenschaften, 2009, S. 155–172
Müller, Michael/Niebert, Kai: Epochenwechsel. Plädoyer für einen grünen New Deal, München: Oekom Verlag, 2009
Nuscheler, Franz: Lern- und Arbeitsbuch Entwicklungspolitik. Eine grundlegende Einführung in die zentralen entwicklungspolitischen Themenfelder Globalisierung Staatsversagen Armut und Hunger Bevölkerung und Migration Wirtschaft und Umwelt, 7. Aufl., Bonn: Dietz, 2012
Organisation for Economic Co-operation and Development (Hrsg.): DAC-Reihe Leitlinien und Grundsatztexte. Qualitätsstandards für die Entwicklungsevaluierung, Paris: OECD Publishing, 2010
Osterhammel, Jürgen: Kolonialismus. Geschichte - Formen - Folgen, 6. Aufl., München: Beck, 2009, (Beck'sche Reihe)
Pringer, Winfried: Globalisierung und Armutsbekämpfung, in: Neudeck, Rupert/Pringer, Winfried (Hrsg.): Die Stärke der Armen, die Kraft der Würde. Entwicklungspolitik in der Globalisierung; ein Bericht an die Global Marshall Plan Initiative, Hamburg: Eigenverlag, 2007, S. 21–45
Rademacher, Franz Josef/Schlüter, Andreas (Hrsg.): Die Zukunft unserer Welt. Navigieren in schwierigem Gelände, Essen: Edition Stifterverband Verwaltungsges. für Wissenschaftspflege, 2010, (Edition Stifterverband)
Rademacher, Franz Josef: Globalisierung gestalten. Die neue zentrale Aufgabe der Politik. Das Wirken des Bundesverbands für Wirtschaftsförderung und Außenwirtschaft für eine globale Rahmenordnung einer Ökosozialen Marktwirtschaft, Berlin: Terra Media Verlag, 2006
Rehklau, Christine/Lutz, Ronald: Partnerschaft oder Kolonisation? Thesen zum Verhältnis des Nordens zur Sozialarbeit des Südens, in: Wagner, Leonie (Hrsg.): Internationale Perspektiven Sozialer Arbeit. Wiesbaden: VS Verlag für Sozialwissenschaften, 2009, S. 33–53
Rogall, Holger/Meier, Mareike/Binswanger, Hans Christoph: Volkswirtschaftslehre für Sozialwissenschaftler. Eine Einführung, Wiesbaden: VS Verlag für Sozialwissenschaften, 2006

Schneider, Rafael: Von der Partnerschafts-Hilfe zur Beratung einheimischer Organisationen, in: Global Marshall Plan Initiative/Hesse, Peter (Hrsg.): Solidarität die ankommt! Ziel-effiziente Mittelverwendung in der Entwicklungszusammenarbeit, Hamburg: Eigenverlag, 2006, S. 251–273

Seitz, Volker: Afrika wird armregiert oder Wie man Afrika wirklich helfen kann. 3. Aufl., München: Deutscher Taschenbuch Verlag, 2009

Thiersch, Hans/Grunwald, Klaus/Köngeter, Stefan: Lebensweltorientierte Soziale Arbeit, in: Thole, Werner (Hrsg.): Grundriss Soziale Arbeit. Ein einführendes Handbuch, 2. Aufl., Wiesbaden: VS Verlag für Sozialwissenschaften, 2005, S. 161–178

Thiersch, Hans: Lebensweltorientierte Soziale Arbeit. Aufgaben der Praxis im sozialen Wandel, Weinheim, München: Juventa, 1992, (Edition soziale Arbeit)

Vereinte Nationen (Hrsg.): Millenniums-Entwicklungsziele. Bericht 2012, New York, 2012

Wijkman, Anders: Umdenken in der Entwicklungszusammenarbeit, in: Global Marshall Plan Initiative (Hrsg.): Welt in Balance. Zukunftschance ökosoziale Marktwirtschaft, mit Redebeiträgen gehalten am 15. Oktober 2004 im Haus der Industrie in Wien, Hamburg: Eigenverlag, 2004, S. 83–93

5.2 Internetquellen

Albrecht, Harro: Entwicklungsziele. Die Millenniums-Aufgabe der Vereinten Nationen, in: DIE ZEIT (Hamburg), Nr. 38 vom 16. September 2010, Online verfügbar unter: http://www.zeit.de/2010/38/GSP-Millenium-Goals, zuletzt geprüft am: 21.05.201

Anschütz, Katarina: Regionale Entwicklungszusammenarbeit als Beitrag zur Erreichung der Millenniumsziele im Gesundheitsbereich. Erfahrungen der Finanziellen Zusammenarbeit, Positionspapier der EfW Entwicklungsbank, 2007, Online verfügbar unter: https://www.kfw-entwicklungsbank.de/Download-Center/PDF-Dokumente-Development-Research/2007_05_FE_Ansch%C3% BCtz-Regionale-Entwicklungszusammenarbeit-Gesundheit_D.pdf, zuletzt ge-prüft am: 13.05.2013

Auswärtiges Amt (Hrsg.): Deutschland und Afrika. Konzept der Bundesregierung, 2011, Online verfügbar unter: http://www.auswaertiges-amt.de/cae/servlet/ contentblob/581096/publicationFile/155311/110615-Afrika-Konzept-down load.pdf, zuletzt geprüft am: 01.05.2013

Auswärtiges Amt: Das Afrika-Konzept der Bundesregierung. Neues Kapitel in der deutsch-afrikanischen Partnerschaft, 2011, Online verfügbar unter: http://www.auswaertiges-amt.de/DE/Aussenpolitik/RegionaleSchwerpunkte/Afrika/AktuelleArtikel/11 0615-Afrika-Konzept-node.html, zuletzt geprüft am: 01.05.2013

Bozic, Kristina: Africans See Poverty. Foreigners See Resources an Wealth. Interview mit James Shikwati, in: IREN Occasional Paper 1/2006, Online verfügbar unter: http://www.irenkenya.com/downloads/publications/IREN_ Occasional_Paper_1.pdf, zuletzt geprüft am: 11.05.2013

Brot für die Welt: Mehr Engagement bei der HIV-Prävention notwendig, 2012, Online verfügbar unter: http://www.epo.de/index.php?option=com_content&view=article&id=8994:mehr-engagement-bei-der-hiv-praevention-notwendig&catid=52&Itemid=100, zuletzt geprüft am: 13.05.2013

Bundesministerium für wirtschaftliche Zusammenarbeit und Entwicklung (BMZ): Leistungen von Nichtregierungsorganisationen aus Eigenmitteln an Entwicklungsländer 2007-2011, 27.03.2013, Online verfügbar unter: http://www.bmz.de/de/ministerium/zahlen_fakten/Leistungen_von_NROs_aus_Eigenmitteln_an_Entwicklungslaender_2007-2011.pdf, zuletzt geprüft am: 02.06.2013

Bundesministerium für wirtschaftliche Zusammenarbeit und Entwicklung (BMZ): Bi- und multilaterale Netto-ODA nach Ländern 2007-2011, 30.04.2013, Online verfügbar unter: http://www.bmz.de/de/ministerium/zahlen_fakten/Bi-_und_multilaterale_Netto-ODA_ nach_Laendern_2007-2011.pdf, zuletzt geprüft am: 02.06.2013

Bundesministerium für wirtschaftliche Zusammenarbeit und Entwicklung (BMZ): Afrika südlich der Sahara. Regionale Zusammenarbeit fördern, 2013, Online verfügbar unter: http://www.bmz.de/de/was_wir_machen/laender_regionen/subsahara/index.html, zuletzt geprüft am: 09.05.2013

Bundesministerium für wirtschaftliche Zusammenarbeit und Entwicklung (BMZ): Akteure der bilateralen Zusammenarbeit. Durchführungsorganisationen, 2013, Online verfügbar unter: http://www.bmz.de/de/was_wir_machen/wege/bilaterale_ez/akteure_ez/durchfuehrungsorga/index.html zuletzt geprüft am: 19.05.2013

Bundesministerium für wirtschaftliche Zusammenarbeit und Entwicklung (BMZ): Deutsche Gesellschaft für Internationale Zusammenarbeit, 2013, Online verfügbar unter: http://www.bmz.de/de/was_wir_machen/wege/bilaterale_ez/akteure_ez/einzelakteure/giz/index.html, zuletzt geprüft am: 21.04.2013

Bundesministerium für wirtschaftliche Zusammenarbeit und Entwicklung (BMZ): Entwicklungspolitik als Zukunftspolitik. Rede von Bundesentwicklungsminister Dirk Niebel an der Universität Heidelberg (8. November 2011), 2012, Online verfügbar unter: http://www.bmz.de/de/presse/videos/reden/20111202_rede_in_heidelberg/index.html, zuletzt geprüft am: 31.05.2013

Bundesministerium für wirtschaftliche Zusammenarbeit und Entwicklung (BMZ): Good Governance, 2010, Online verfügbar unter: http://www.bmz.de/de/was_wir_machen/themen/goodgovernance/index.html, zuletzt geprüft am: 21.04.2013

Bundesministerium für wirtschaftliche Zusammenarbeit und Entwicklung (BMZ): Millenniumserklärung, 2013, Online verfügbar unter: http://www.bmz.de/

de/service/glossar/M/millenniumserklaerung.html, zuletzt geprüft am: 19.05.2013

Bundesministerium für wirtschaftliche Zusammenarbeit und Entwicklung (BMZ) (Hrsg.): Die Millenniums-Entwicklungsziele. Hintergründe - Zielerreichung - Engagement, Bonn, 2010, Online verfügbar unter: http://www.bmz.de/de/publikationen/reihen/infobroschueren_flyer/infobroschueren/Materialie204_Informationsbroschuere_04_2010.pdf, zuletzt geprüft am: 19.05.2013

Bundesministerium für wirtschaftliche Zusammenarbeit und Entwicklung (BMZ) (Hrsg.): Entwicklungspolitische Informations- und Bildungsarbeit. Konzept 159, 2008, Online verfügbar unter: http://www.bmz.de/de/publikationen/reihen/strategiepapiere/konzept159.pdf, zuletzt geprüft am: 28.04.2013

Bundesministerium für wirtschaftliche Zusammenarbeit und Entwicklung (BMZ) (Hrsg.): Entwicklungspolitisches Konzept plus. Armutsreduzierung -BMZ Roadmap bis 2013-, Bonn, 2012, Online verfügbar unter: http://www.bmz.de/de/publikationen/reihen/sonderpublikationen/Entwicklungspolitisches_Konzept_plus.pdf, zuletzt geprüft am: 28.04.2013.

Bundesministerium für wirtschaftliche Zusammenarbeit und Entwicklung (BMZ) (Hrsg.): Entwicklungspolitisches Konzept plus. Bildung -BMZ Roadmap bis 2013-, Bonn, 2012, Online verfügbar unter: http://www.bmz.de/de/publikationen/rehen/sonderpublikationen/Entwicklungspolitisches_Konzept_plus.pdf, zuletzt geprüft am: 28.04.2013

Bundesministerium für wirtschaftliche Zusammenarbeit und Entwicklung (BMZ) (Hrsg.): Entwicklungspolitisches Konzept plus. Gesundheit und Bevölkerungspolitik -BMZ Roadmap bis 2013-, Bonn, 2012, Online verfügbar unter: http://www.bmz.de/de/publikationen/reihen/sonderpublikationen/Entwicklungspolitisches_Konzept_plus.pdf, zuletzt geprüft am: 28.04.2013

Bundesministerium für wirtschaftliche Zusammenarbeit und Entwicklung (BMZ) (Hrsg.): Entwicklungspolitisches Konzept plus. Ländliche Entwicklung und Ernährungssicherung -BMZ Roadmap bis 2013-, Bonn, 2012, Online verfügbar unter: http://www.bmz.de/de/publikationen/reihen/sonderpublikationen/Entwicklungspolitisches_Konzept_plus.pdf, zuletzt geprüft am: 28.04.2013

Bundesministerium für wirtschaftliche Zusammenarbeit und Entwicklung (BMZ) (Hrsg.): Entwicklungspolitisches Konzept plus. Wirksamkeit steigern -BMZ Roadmap bis 2013-, Bonn, 2012, Online verfügbar unter: http://www.bmz.de/de/publikationen/reihen/sonderpublikationen/Entwicklungspolitisches_Konzept_plus.pdf, zuletzt geprüft am: 28.04.2013

Bundesministerium für wirtschaftliche Zusammenarbeit und Entwicklung (BMZ) (Hrsg.): Konzept zur Budgetfinanzierung im Rahmen der Programmorientierten Gemeinschaftsfinanzierung (PGF). Konzept 146, Bonn, 2009, Online verfügbar unter: http://www.bmz.de/de/publikationen/reihen/strategiepapiere/Konzepte146.pdf, zuletzt geprüft am: 21.04.2013

Bundesministerium für wirtschaftliche Zusammenarbeit und Entwicklung (BMZ) (Hrsg.): Mit Mikrofinanzen aus der Armut. Der deutsche Beitrag zur Entwicklung nachhaltiger Finanzsysteme, Materiale 191, Bonn, 2008, Online verfügbar unter: http://www.bmz.de/de/publikationen/reihen/infobroschueren _flyer/infobroschueren/Materialie191.pdf, zuletzt geprüft am: 26.05.2013

Bundeszentrale für politische Bildung: Nicht-Regierungsorganisationen (NGOs), 2010, Online verfügbar unter: http://www.bpb.de/wissen/ 3UD6BP,0,0,NichtRegierungsorganisationen_(NGOs).html, zuletzt geprüft am: 28.04.2013

Chinesische Weisheiten, Online verfügbar unter: http://www.chinesische-weisheiten.com/gib-einem-hungernden-einen-fisch-und-er-wird-einmal-satt-lehre-ihn-fischen-und-er-wird-nie-wieder-hungern/, zuletzt geprüft am: 30.05.2013

CPI Inflation Calculator, Online verfügbar unter: http://data.bls.gov/cgi-bin/cpicalc.pl?cost1=1.00&year1=1990&year2=2010, zuletzt geprüft am: 29.05.2013

Definition von Armut, 2008, Online verfügbar unter: http://www.armut.de/ definition-von-armut.php zuletzt geprüft am: 18.05.2013

Deutsche Gesellschaft für Internationale Zusammenarbeit (GIZ): Beratung zur Umsetzung der Erklärung von Paris, 2012, Online verfügbar unter: http://www.giz.de/themen/de/36637.htm, zuletzt geprüft am: 25.05.2013

Deutsche Gesellschaft für Internationale Zusammenarbeit (GIZ): Multisektor HIV/AIDS Präventionsprogramm (MHIVP). HIV/AIDS auf allen Ebenen bekämpfen, 2013, Online verfügbar unter: http://www.giz.de/themen/de/ 35677.htm, zuletzt geprüft am: 20.05.2013

Deutscher Berufsverband für Soziale Arbeit e.V. (Hrsg.): Grundlagen für die Arbeit des DBSH e.V., Berlin, 2009, Online verfügbar unter: http://www.dbsh-bund.de/grundlagenheft_-PDF-klein.pdf, zuletzt geprüft am: 11.05.2013

Deutscher Berufsverband für Soziale Arbeit e.V. (Hrsg.): Grundlagen für die Arbeit des DBSH e.V. Ethik in der Sozialen Arbeit, Berlin, 2012, Online verfügbar unter: http://www.dbsh.de/fileadmin/downloads/Ethik.Vorstellung-klein.pdf, zuletzt geprüft am: 09.05.2013

Deutscher Berufsverband für Soziale Arbeit e.V.: Profession, Online verfügbar unter: http://www.dbsh.de/beruf.html, zuletzt geprüft am: 04.06.2013

Deutscher Bundestag (Hrsg.): Abschlussbericht der Enquete-Kommission „Schutz des Menschen und der Umwelt. Ziele und Rahmenbedingungen einer nachhaltig zukunftsverträglichen Entwicklung, Konzept Nachhaltigkeit - vom Leitbild zur Umsetzung, Berlin, 2007, Online verfügbar unter: dip21.bundestag.de/dip21/btd/13/112/1311200.pdf, zuletzt geprüft am: 21.04.2013

Deutscher Bundestag: Gesetzgebungszuständigkeiten von Bund und Ländern, 2010, Online verfügbar unter: http://www.bundestag.de/bundestag/aufgaben/ gesetzgebung/bundesstaatsprinzip.html, zuletzt geprüft am: 21.04.2013

Deutsches Institut für Entwicklungspolitik (Hrsg.)/Weinlich Silke/Grimm, Sven: Die Entwicklungszusammenarbeit der EU und der UN. Wofür sollte sich Deutschland einsetzen?, Analyse und Stellungnahme, Bonn, 2009, Online verfügbar unter: http://www.die-gdi.de/CMS-Homepage/openwebcms3.

nsf/(ynDK_contentByKey)/ANES-7YKJWG/$FILE/AuS%2013.2009.pdf, zuletzt geprüft am: 14.05.2013

Ellisen, Tillmann: Entwicklungszusammenarbeit. Ohne Wirkung, in: E+Z - Entwicklung und Zusammenarbeit 2/2008, Online verfügbar unter: http://www.dandc.eu/de/article/entwicklungszusammenarbeit-ohne-wirkung, zuletzt geprüft am: 11.05.2013

Fischermann, Thomas: Entwicklungshilfe: "Der Kalte Krieg ist wieder da". Entwicklungshilfe ist eine Waffe im Kampf um Öl, Erze und Absatzmärkte, Ein Interview mit dem amerikanischen Friedensforscher Michael T. Klare, in: DIE ZEIT (Hamburg), Nr. 1 vom 28. Dezember 2006, S. 24, Online verfügbar unter: http://www.zeit.de/2007/01/EWP-Interview-Klare, zuletzt geprüft am: 20.05.2013

Hermle, Reinhard/Hauschild, Tobias: Umstritten und für gut befunden. Wie Budgethilfe zu einer wirkungsvollen EZ beiträgt, Eine Studie im Auftrag von Oxfam Deutschland e.V., Berlin, 2012, Online verfügbar unter: www.oxfam.de/sites/www…de/…/studie_budgethilfe_web.pdf, zuletzt geprüft am: 21.04.2013

Hesse, Peter: Partnerschaft in der Entwicklungshilfe. problematisch aber notwendig zum Wenden von Not!, 2007, Online verfügbar unter: http://www.solidarity.org/pdf/4-2-a.pdf, zuletzt geprüft am: 25.05.2013

High Level Forum/OECD (Hrsg.): Erklärung von Paris über die Wirksamkeit der Entwicklungszusammenarbeit, Paris, 2010, Online verfügbar unter: http://www.oecd.org/development/effectiveness/35023537.pdf, zuletzt geprüft am: 18.05.2013

Hilfswerk der Deutschen Lions e.V.: Bildungsprojekte in Namibia, 2013, Online verfügbar unter: http://www.justseven.de/projects/dfc/map/content/namibia/namibia.pdf, zuletzt geprüft am: 30.05.2013

Kappel, Robert: Die anhaltende Unterentwicklung Afrikas, in: Internationale Politik und Gesellschaft 1/1999, S. 38–55, Online verfügbar unter: http://library.fes.de/pdf-files/ipg/ipg-1999-1/artkappel.pdf, zuletzt geprüft am: 11.05.2013

Keijzer, Niels/Corre, Gwénaëlle: Wirkung messen. Rom wurde nicht an einem Tag erbaut. Übersicht über aktuelle Evaluationsdebatte, in: E+Z - Entwicklung und Zusammenarbeit 1/2009, Online verfügbar unter: http://www.dandc.eu/de/article/uebersicht-ueber-aktuelle-evaluationsdebatte, zuletzt geprüft am: 11.05.2013

Klingebiel, Stephan/Deutsches Institut für Entwicklungspolitik (Hrsg.): Entwicklungszusammenarbeit eine Einführung. Studies Deutsches Institut für Entwicklungspolitik, Bonn, 2013, Online verfügbar unter: http://www.die-gdi.de/CMS-Homepage/openwebcms3.nsf/(ynDK_contentByKey)/ANES-95BBRV/$FILE/Studies%2073.pdf, zuletzt geprüft am: 02.06.2013

Kopp, Christian: Das Schlüsselereignis des modernen Kolonialismus. Vorgeschichte, Ziele, Verlauf und Folgen der Berliner Afrika-Konferenz, in: INKOTA-

Dossier Jg. 149 3/2009, S. 3–5, Online verfügbar unter: http://www.inkota.de/uploads/tx_ttproducts/data sheet/inkota-brief-149_INKOTA_kolonialismus-und-seine-folgen.pdf, zuletzt geprüft am: 09.05.2013

Krafczyk, Eva: Afrika. Das blutige Erbe der Kolonialherren, 2009, Online verfügbar unter: http://www.news.de/politik/855032612/das-blutige-erbe-der-kolonialherren/1/, zuletzt geprüft am: 09.05.2013

Küblböck, Karin: Der Weg ist noch nicht das Ziel, in: Südwind-Magazin 1/2005, Online verfügbar unter: http://www.suedwind-magazin.at/start.asp?ID=235792&rubrik=7&ausg=200501, zuletzt geprüft am: 13.05.2013

Leistner, Erich: Christliche Mission und Kolonialherrschaft. Urheber von Afrikas Rückständigkeit, 2005, Online verfügbar unter: http://www.swg-hamburg.de/Archiv/Beitrage_aus_der_Rubrik_-_Gesc/Christliche_Mission_und_Kolonialherrschaft.pdf, zuletzt geprüft am: 09.05.2013

Mair, Stefan: Ausbreitung des Kolonialismus, in: Informationen zur politischen Bildung Jg. 264 3/2005, S. 13–17, Online verfügbar unter: http://www.bpb.de/internationales/afrika/afrika/58868/kolonialismus?p=all, zuletzt geprüft am: 09.05.2013

Massing, Armin/Krämer, Michael: Der Kolonialismus und seine Folgen, in: INKOTA-Dossier Jg. 149 3/2009, S. 2, Online verfügbar unter: http://www.inkota.de/uploads/tx_ttproducts/datasheet/inkota-brief-149_INKOTA_kolonialismus-und-seine-folgen.pdf, zuletzt geprüft am: 09.05.2013

Monga, Célestin: Die vier Schwächen Afrikas, 2008, Online verfügbar unter: http://www.afrikanet.info/menu/diaspora/datum/2008/12/05/celestin-monga-die-vier-schwaechen-afrikas/?type=98&cHash=b00aa7403d, zuletzt geprüft am: 11.05.2013

Nunnenkamp, Peter/Öhler, Hannes/Thiele, Rainer: Die Geber kommen bei der Harmonisierung nicht voran, in: E+Z - Entwicklung und Zusammenarbeit 4/2012, S. 168, Online verfügbar unter: http://www.dandc.eu/de/article/die-geber-kommen-bei-der-harmonisierung-nicht-voran, zuletzt geprüft am: 11.05.2013

Nuscheler, Franz/Institut für Entwicklung und Frieden (INEF)/Universität Duisburg-Essen (Hrsg.): Die umstrittene Wirksamkeit der Entwicklungszusammenarbeit. INEF-Report 93/2008, Duisburg, 2008, Online verfügbar unter: http://inef.uni-due.de/page/documents/Report93.pdf, zuletzt geprüft am: 20.05.2013

Nuscheler, Franz: Wie geht es weiter mit der Entwicklungspolitik?, in: Aus Politik und Zeitgeschichte 48/2007, S. 3–10, Online verfügbar unter: http://www.bpb.de/system/files/pdf/2FLK35.pdf, zuletzt geprüft am: 02.06.2013

Oxfam Deutschland e.V (Hrsg.): Jahresbericht 2011, 2012, Online verfügbar unter: http://www.oxfam.de/sites/www.oxfam.de/files/2012_jb2011_5mb.pdf, zuletzt geprüft am: 02.06.2013

Popowska, Marta: Wo die Ärmsten wohnen. Weltweit kämpfen 1,29 Milliarden Menschen ums Überleben, 2012, Online verfügbar unter: http://www.fluter.de/de/117/thema/11185/, zuletzt geprüft am: 18.05.2013

Schönhuth, Michael: Glossar Kultur und Entwicklung. Politikdialog, 2006, Online verfügbar unter: http://www.kulturglossar.de/html/p-begriffe.html, zuletzt geprüft am: 20.05.2013

Schweitzer, Albert: Mein Wort an die Menschen. Verschriftlichte Aufnahme, Lambaréné/Gabun, 1965, Online verfügbar unter: http://www.friedenspreis-des-deutschen-buchhandels.de/sixcms/media.php/1290/Kurzmitteilung_Albert%20Schweitzer_Mein%20Wort%20an%20Menschen.pdf, zuletzt geprüft am: 19.05.2013

Soziale Arbeit heute: Evaluation, 2013, Online verfügbar unter: http://www.soziale-arbeit-heute.de/index.php/Evaluation, zuletzt geprüft am: 18.05.2013

Stockmann, Reinhard: Herausforderungen und Grenzen. Ansätze und Perspektiven der Evaluation in der Entwicklungszusammenarbeit, in: Zeitschrift für Evaluation 1/2002, S. 137–150, Online verfügbar unter: http://www.zfev.de/ fruehereAusgabe/ausgabe2002-1/download/stockmann. pdf, zuletzt geprüft am: 20.05.2013

Umwelt Dialog: Millenniumsdörfer-Konzept vorgestellt, 2005, Online verfügbar unter: http://www.umweltdialog.de/umweltdialog/soziales/2005-10-28_Millenniumsdoerfer.php zuletzt geprüft am: 30.05.2013

UNICEF (Hrsg.): Geschäftsbericht 2011. UNICEF Deutschland, 2012, Online verfügbar unter: http://www.unicef.de/fileadmin/content_media/transparenz/ geschaeftsbericht-2011/UNICEF-Geschaeftsbericht-2011.pdf, zuletzt geprüft am: 02.06.2013

UNICEF: UNICEF zum G8-Gipfel in Deutschland: „Bildung ist das wichtigste Kapital". Regierungen müssen Millenniumsziele verwirklichen / Anzeigenserie zum Gipfel, Pressenmeldung, 2007, Online verfügbar unter: http://www.unicef.de/presse/pm/2007/unicef-zum-g8-gipfel-in-deutschland-bildung-ist-das-wichtigste-kapital/, zuletzt geprüft am: 28.04.2013

Verband Entwicklungspolitik deutscher Nichtregierungsorganisationen e.V. (VENRO) (Hrsg.): Das Afrika-Konzept der Bundesregierung. An der Realität vorbei, in: Stand.Punkt 1/2010, S. 1–2, Online verfügbar unter: http://www.venro.org/fileadmin/redaktion/dokumente/Dokumente-2011/Juli_2011/Venro_Standpunkt-Afrika-Konzept.2011pdf.pdf, zuletzt geprüft am: 01.05.2013

Verband Entwicklungspolitik deutscher Nichtregierungsorganisationen e.V.: Afrika-Konzept. An der Realität vorbei, 2011, Online verfügbar unter: http://venro.org/index.php?id=1047, zuletzt geprüft am: 01.05.2013

Verband Entwicklungspolitik deutscher Nichtregierungsorganisationen e.V. (Hrsg.): Planet 8. Die UN-Millenniumsziele, Ein Fahrplan gegen weltweite Armut, Hannover, 2007, Online verfügbar unter:

http://www.24zwoelf.de/tl_files/bilder/archiv/broschueren/planet8.pdf, zuletzt geprüft am: 19.05.2013

von Bothmer, Elonore: Wirkung der EZ. Risikoinvestitionen, in: E+Z - Entwicklung und Zusammenarbeit 7/2008, Online verfügbar unter: http://www.dandc.eu/de/article/warum-entwicklungshilfe-auf-risikoinvestitionen-hinauslaeuft, zuletzt geprüft am: 11.05.2013

von Kittlitz, Alard: Überbevölkerung. Viele Kinder, viele Sorgen, in: Frankfurter Allgemeine Zeitung Nr. 42 vom 11. Oktober 2010, Online verfügbar unter: http://www.faz.net/aktuell/feuilleton/ueberbevoelkerung-viele-kinder-viele-sorgen-11057194.html, zuletzt geprüft am: 19.05.2013.

von Welser, Maria: Warum die Milleniumsziele nicht erreicht wurden, 2011, Online verfügbar unter: http://www.mariavonwelser.de/de/vortraege/milleniumsziele.php, zuletzt geprüft am: 23.04.2013

Weltbevölkerung 1950 bis 2100, 2011, Online verfügbar unter: http://pdwb.de/nd02.htm, zuletzt geprüft am: 28.05.2013

Welthungerhilfe e.V.: Millenniumsdörfer. Hier beginnt die Welt von Morgen!, in: Welthungerhilfe Das Magazin 4/2001, S. 10–15, Online verfügbar unter: http://www.welthungerhilfe.de/fileadmin/user_upload/Mediathek/Magazin/d whh_magazin_4_2011.pdf, zuletzt geprüft am: 30.05.2013

Wieczorek-Zeul, Heidemarie: Bedeutung und Zukunft der Personellen Zusammenarbeit, in: E+Z - Entwicklung und Zusammenarbeit 7/8/1999, S. 200–202, Online verfügbar unter: http://www3.giz.de/E+Z/zeitschr/ez7899-3.htm, zuletzt geprüft am: 10.05.2013

Wiedemann, Charlotte: Das Land der Waisen, in: DIE ZEIT (Hamburg), Nr. 31 vom 26. Juli 2007, Online verfügbar unter: http://www.zeit.de/2007/31/Aidswaisen-Kasten, zuletzt geprüft am: 10.05.2013

Wiedemann, Erich: Afrikanische Kolonien. Der Garten Eden, der keiner war, in: Spiegel Online - Panorama vom 27. Mai 2007, Online verfügbar unter: http://www.spiegel.de/panorama/zeitgeschichte/afrikanische-kolonien-der-garten-eden-der-keiner-war-a-484798-2.html, zuletzt geprüft am: 30.05.2013

Wirtschaftsenzyklopädie: Entwicklungshilfe, 2009, Online verfügbar unter: http://www.economia48.com/deu/d/entwicklungshilfe/entwicklungshilfe.htm, zuletzt geprüft am: 19.05.2013*

MIX
Papier aus verantwortungsvollen Quellen
Paper from responsible sources
FSC® C105338

If you have any concerns about our products,
you can contact us on
ProductSafety@springernature.com

In case Publisher is established outside the EU,
the EU authorized representative is:
Springer Nature Customer Service Center GmbH
Europaplatz 3, 69115 Heidelberg, Germany

Printed by Libri Plureos GmbH
in Hamburg, Germany